政治学入門

山岡龍一・待鳥聡史

政治学入門（'22）

©2022　山岡龍一・待鳥聡史

装丁・ブックデザイン：畑中　猛

o-37

まえがき

　大学の学部1年次など，ある分野について学術的な知見に初めてふれる人に対して，その分野の適切な見取図を描き，学として蓄積されてきた知見や，その結果として成立する体系を伝えることは，大事だが最も難しい作業である。入門科目のテキストは，その重要な手段となる。

　専門家とか研究者と呼ばれる人にも，その分野を初めて学んだ日があったはずだ。しかし，年月をかけて深く沈潜するとともに，その日のことは忘れてしまう。1人の研究者が分野の全体を専門的に扱っているわけではないので，自分の扱わないテーマがどのように深化しているかを完全に追い切れない場合もあるだろう。分野全体の見取図を描きづらいのは，こうした事情によるところが大きい。

　政治学の場合も，学問的な発展とともに細分化や精緻化が年々進んでいる。それを反映して，専門科目としての政治学については，高い水準のテキストが多く刊行されるようになった。一部では，発展的な学修のためにインターネット上の情報との連動なども行われ，用いられているデータのアップデートや充実した参考文献リストが提供されている。

　入門科目や教養科目向けのテキストのあり方もまた，同じ変化を反映している。現在の政治学における入門用テキストは，さまざまなテーマを専攻する研究者が1章あるいは数章ずつ書くといった構成が主流になっている。執筆者は担当章のテーマに関して先端的な研究をしている場合がほとんどで，新しい着想や知見を伝えようとしていることが多い。若手研究者が分担して執筆するテキストも珍しくなくなった。

　やがて専門科目として政治学を勉強する学生を対象にする場合には，このスタイルがよいのであろう。テキストに求められるバランスや目配

4

りという点でも優れており，読者は今何がどのように研究されているのかを簡潔に理解できる。

　これに対して，少人数や1人で書く場合，入門用テキストであったとしても個性が滲み出る。どれほど準備や工夫をこらしても，筆者が持つ関心や専門知識の偏り，特定のアプローチへの肩入れも生じるに違いない。分野の全体像を読者に満遍なく伝えることがテキストの役割だとすれば，多人数の分担執筆には劣るだろう。

　その裏返しとして，1つの着眼から徹底して考えることで広範な現象を説明できるという学問の醍醐味や，それがもたらす知的興奮を提供することはできる。ある分野への読み手の興味が，そのような経験から生まれることは決して珍しくない。しばしば忘れられがちだが，入門用テキストが果たすべきもう1つの役割は，その分野で続けられてきた知的営みを深く掘り下げて平易に伝えることなのである。

　本書は少人数で書かれたテキストであり，上に述べたような正負両面の特徴をそのまま持っていることであろう。現代政治分析の一部をなす比較政治学の知見を基礎に，制度論と呼ばれるアプローチを用いて政治現象を説明しようとするという点を重視しているが，それが政治学の全体像だと言い切るのは明らかに適切ではない。

　もちろん，放送大学教養学部における「政治学入門」という科目の位置づけを筆者なりに咀嚼し，できるだけ広範にテーマを取り上げ，多くの受講者が関心を抱くであろう現代日本政治を多く扱うように努めた。優れた先学の良書を，実際に手にとれる範囲で挙げられるよう，参考文献の厳選にも気を配ったつもりである。何より，山岡龍一先生と白鳥潤一郎先生に，それぞれのご専門に近い章について執筆者としてのご参加を賜り，筆者の理解や知識が十分でない部分を補っていただいたことは，本書の価値を高めている。

　このようなわけで，政治学の体系や全体像を伝えるには不十分ではあるが，できるだけ一貫した視点から現代政治の主要な側面を説明しようとするところに，本書の基本的かつ最大の特徴がある。受講される皆さんが，本書や講義をきっかけとして政治学という分野に関心を持ち，さらには本書とは異なる政治学にもふれていただければ，望外の喜びである。

2021 年 10 月

執筆者を代表して
待鳥聡史

目次

1 | 政治学とはどのようなものか

待鳥聡史

《**学習のポイント**》 本章では，政治学を学ぶ上での出発点として，政治と政治学の基本的な概念定義を行った上で，政治学はいかに展開してきたのか，今日の政治学にはどのようなアプローチがあるのかについて説明する。
《**キーワード**》 政治，政治学，アプローチ

1. 政治と政治学

（1）政治学の分かりづらさ

　政治学を勉強している，という学生に出会ったとき，あなたならどのような反応をするだろうか。立派そうな学問ですね，などのお世辞をいうだけで済まないとすれば，何を言えばよいのだろうか。全く思いつかないという人も多いかもしれない。それは，政治学という学問分野に対する印象が，ほとんど湧かないことを意味しているのであろう。

　はっきりとしたデータがあるわけではないが，政治学とは「政治家になるために学ぶこと」だと思っている人も，決して珍しくないようだ。帝王学とか，社長学とか，そういった言葉が世の中にはたくさん存在する。それらは君主や社長としての考え方や立ち居振る舞いを学ぶことなのだから，政治学が政治家になるための諸々を学ぶものであったとしても不思議ではない。しかし，そのように思っている人は，植物学が植物になるために学ぶことではないと言われると黙ってしまう。学問としての政治学の像は，やはり存在しないのである。

　確かに，政治学とは政治についての学ですと言われても困惑するばかりだし，そもそも単なる同義反復か言い換えに過ぎない。お金がかかるとか，醜悪な争いとか，政治にはひどく世俗的で具体的なイメージがあるのに，それを学問の対象にすると言われると，その姿はひどく茫漠としたものになってしまう。なぜなのだろうか。

　１つの理由は，恐らく「政治」の分かりづらさに求めるべきであろう。あの人は政治的な動きを見せる人だ，といった表現はときどき見かけるが，その意味するところは明瞭ではない。政治的な動きというとき，恐らくは信頼してくれている人を裏切ったり，違う目標を持つ人と一時的に手を組んだりと，周囲の他人を欺きながら打算的に振る舞って自らの目的を冷徹に実現していく行動が想定されているのではないだろうか。つまりは，権謀術数に長けた振る舞いである。だが，それは政治のすべてではない。

（２）「社会に対する諸価値の権威的配分」

　政治学を専攻する研究者（政治学者）にとっても，政治の定義は容易なことではない。今日最も広く用いられている定義は，アメリカで活躍した政治学者デイヴィッド・イーストンが1953年に公刊した『政治体系』という著作において示した「社会に対する諸価値の権威的配分」というものだろう（David Easton, *The Political System: An Inquiry into the State of Political Science*, Alfred A. Knopf, 1953）。この定義は非常によく考えられたものだが，あまりに抽象的すぎて，政治学についてある程度まで学んだ後になって，ようやくその意味が理解できるというのが実相に近い。政治学について知識や関心がない人に，直観的に理解してもらえる定義ではないのである。しかし，政治学者がその後，イーストンを超える政治の定義ができたという話もあまり聞かない。

　そこで，とりあえず本講義でもイーストンの定義を受け入れることにしよう。「社会に対する諸価値の権威的配分」というとき「社会」「諸価値」「権威的配分」のいずれもが，具体的な説明を必要とする。

　「社会」とは，複数の人間がいて，お互いにさまざまな関係を作りながら暮らしている空間を指す。日本という国，東京都や京都市などの地方自治体，町内会，家族など，そこに含まれるものは多い。「諸価値」とは，社会に暮らす個々人や集団にとって，何らかの意味で価値があると思われているものを指し，ここではとくに誰かがそれを入手してしまうと，他の人々には入手できる量や機会が少なくなる，あるいはなくなるようなものを含意している。1つの大皿に盛られた料理を，テーブルを囲むみんなで取り分ける場面を想像すると，イメージしやすいかもしれない。「権威的配分」とは，上に述べたような意味で価値があるものを，ルールに基づいて分け与える役割を担っている個人や集団が，実際に分け与えることを指す。「権威的」が定訳だが，「権限に基づいた」という意味で理解するのが妥当であろう。再び料理の取り分けの例で考えれば，家庭内であれば父親や母親などが，他の家族にも認められた立場で実際の取り分けを行っているとき，権威的配分が行われていることになる。

　配分を進める個人や集団が，勝手に行っているとすればどうだろうか。周囲の人は，この人がなぜ取り分けるのか，ほんとうは自分がしたいのだが，と疑念を抱きつつ，その人に逆らうと怖いからとか，その人の取り分けが上手だからとか，あるいは誰かが取り分ければよいのだからと納得した，といった理由で，勝手な行動に従うかもしれない。このように，ルールに基づいて配分を担っているとは限らない人が，その人とは違う意向を持った他人を従わせているときに，そこには「権力」が存在するという。

権力は政治を考える上では不可欠な概念で，影響力という言葉が使われることもある。権力あるいは影響力は，現在では「ある個人や集団が，自らが望むこととは異なったことを望む個人や集団を，何らかの形で従わせること」を指す。ここにいう「何らかの形」が，他の個人や集団によるそれらのほぼ無批判での受け入れである場合に，それは「権威」と呼ばれることが多い。「何らかの形」すなわち権力行使の手段には，このほかにもさまざまなものがある。暴力や脅迫による強制，金銭的利益などの見返りを与えての支持確保は，その典型例である。また，相違点や対立点が表に出ないようにする，あるいはそもそも意識させないようにすることで，従っている個人や集団に，従っていることを認識させなくするといった権力行使も存在する。表に出ないようにする権力を「二次元的権力」，認識させなくする権力を「三次元的権力」と呼ぶこともある。

（3）政治学の2つの方向性

政治学のイメージが湧きづらい，もう1つの理由は「学」あるいは「学問」の部分にある。ここまで述べてきたように「政治」を理解したとしても，それを学び，考究することとは，いったいどのような営みなのだろうか。

学として政治を対象とする場合，そのあり方については，長らく2つの考え方が存在してきた。

一方には，政治学は政治をよりよくするためにある，という考え方がある。この考え方は，政治学の存在意義として，政治権力を行使する人々や集団が，それをより望ましい形で，適切に行使するよう導くことや，政治権力を行使した結果としてなされる政治的意思決定（その代表例が政策決定）の内容が，より望ましいものとなることを挙げる。その

ために，理想的な政治のあり方の探求，過去における権力行使の適切な
例や不適切な例の把握，将来において期待される政策の内容の検討など
が，政治学という学問の中核部分を占めるべきだとする。この立場は，
哲学が「よりよく生きるための学問」という場合の学問像に近い。

　他方に存在するのは，政治学は政治を理解し，説明するためにある，
という考え方である。この立場からは，政治において過去に何がどのよ
うに起こってきたのか，現在何がどのように起こっているのか，その背
景や理由は何なのかを探求することが，政治学の役割だということにな
る。もちろん，過去や現状を理解した上で，その知見に基づき未来の望
ましい政治や政策のあり方を論じることを否定はしないが，それは政治
学の本来的な任務だとは見なしていない。この立場は，物理学などの自
然科学が「自然現象を理解し，説明するための学問」というのに近く，
とくに「ポリティカル・サイエンス（政治科学）」と呼ぶこともある。
ポリティカル・サイエンスの成果には世論調査結果や経済指標などの数
字（量的データ）に基づいた分析を行うものが少なくないが，公文書や
日記などの質的データに基づく場合や，両者を併用した分析もある。

　対比的に言えば，前者は「政治がどうあるべきか」を考えること，す
なわち規範論に，後者は「政治がどうであるか」を知ること，すなわち
実証（経験）分析に，それぞれ政治学の存在意義を見出している。両者
は相互に排他的なわけではなく，たとえばある政治権力者の行動を理解
するには，その人物が抱く理想の政治像を把握せねばならないなど，車
の両輪のように協働することで得られる知見は多い。しかし，規範論と
実証分析の相違は政治学という学問が誕生した古代から長らく続いてき
たこともあり，今日でも多くの差異がある。

　そのため，たとえば政治学を規範論としてイメージする人から見れ
ば，善し悪しの評価を欠いたまま現状の解明に専心する実証分析は受け

16

入れ難い，ということになる。また逆に，実証分析こそが政治学だと考える人からは，現状や過去の事実を踏まえずに規範論を唱えることに対して否定的評価が下されることも多い。このように，内部に2つの大きな潮流を抱えていることが，政治学のイメージ形成を困難にしている面がある。

2. 政治学の展開

（1）根幹にある関心

　先に述べた「社会に対する諸価値の権威的配分」として政治を定義すると，その歴史は人類が社会生活を営むようになったときから続いていることが分かる。しばしば，狩猟採集社会においては戦争がなかった，といわれる。その主張の当否には諸説あるようだが，狩猟採集社会に権力をめぐる争いがなかったとは考えにくい。生きていくために必要な食糧や住居の確保には，何らかの秩序やルールに基づいた配分決定がなされねばならなかったであろうし，それができない場合には争いが生じていたであろう。また，恐らく今日と異なった形態ではあっただろうが，生活を共にする家族や家族的な集団は存在していたはずで，そこでもやはり何らかの配分決定が行われていたに違いない。

　複数の人間がおり，そこに有限であることが認識されている財（原始の人類であれば食糧や住居に適した空間）があり，その財の配分を行わねばならないとき，それを誰がどのように行うかという問題が必ず発生する。配分を行うことを権力行使あるいは支配と呼ぶならば，誰が支配しているのか（Who governs?），どのように支配しているのか（How does he/she govern?），なぜ支配しているのか（Why does he/she govern?），といった問いは，政治学にとって永遠の，そして最も根幹に存在する関心事である。

　このような問いに対して，政治学が規範論と実証分析という，大きく分けて2つの系統の答えを見出してきたことは既に見たとおりである。規範論は支配の妥当性や適切性，正統性について考えてきた。望ましい支配や正しい支配のあり方を検討してきたのである。これに対して，実証分析は支配が誰によって，どのように行われているか，それはなぜ可能になっているのかを，実態を観察し理解することによって明らかにしてきた。

（2）プラトンとアリストテレス

　今日まで続く政治学の起源は，古代ギリシアに求められる。政治についての考察は古代中国など各地で行われてきたが，近代以降に継承されて現在の政治学を形成しているのは，ギリシアでの営みである。今日，日本政治思想史などヨーロッパやアメリカ以外の地域における政治理念の研究は政治学の重要な一部を構成しているが，それらも基本的には近代ヨーロッパで成立した政治学の概念や方法によっている。

　古代ギリシアは多くの都市国家（ポリス）が分立していたが，アテネ（アテナイ）など一部の都市国家では民主政が採用され，成人男子自由民からなる市民が政治に参加するとともに，活発な言論活動が展開されていた。社会のあり方についてもさまざまな考えが唱えられており，そこには政治も当然に含まれていた。このような言論活動を行う人々を一般的に哲学者と呼ぶが，現代の哲学者とは大きく異なっている。古代ギリシアの哲学者とは，自然現象から個人の生き方まで，森羅万象に関心を持ち，知識を広げ，それを語ることを愛した人々の総称である。

　古代ギリシアのアテネにおいて，政治学の始祖となった哲学者は2人いた。1人はプラトンであり，もう1人はアリストテレスである。もちろん，彼らの見解が今日の政治学にそのまま通用するわけではないが，

プラトンは規範論の，アリストテレスは実証分析の原型を生み出した。両者ともに人類史に燦然と輝く知的巨人であり，当時の哲学者らしく広範な主題について著作を残している。伝記的事実や活動の全体像はギリシア哲学の文献に委ねることにして，ここでは彼らが政治をどのような観点から把握したかについて，手短に述べるに止めよう。

　プラトンが政治について最も体系的に論じているのは，広く知られた著作である『国家』においてである（『国家』藤沢令夫訳，岩波文庫）。『国家』はソクラテスが知人と語り合う形をとった対話篇だが，原題を『ポリテイア』，英訳題が *The Republic*（共和国）であることからも分かるように，支配や統治のあり方を主題として扱う。副題は「正義について」であり，国家において実現されるべき正義とは何か，それが実現するにはどうすればよいかを考察する。そして，理想的な国家とは，「善きこと」の真の姿が立ち現れた世界（善のイデア）を知り，厳しい訓練に耐えてそれを見ることができた哲人王が統治する国家であると説いたのである。哲人王が統治を行う国家は，とりもなおさず権力が極めて少数の人間に独占される体制で，今日の理解では独裁に近い。そのため，プラトンの政治論は独裁体制を擁護するものとして危険視されることも少なくないが，彼が国家や政治の理想的あり方を構想し，規範論としての政治学の源流になったことは間違いない。

　アリストテレスはプラトンの教えを受けた人物だが，その関心は大きく異なっていた。もちろん彼も哲学者として，正しさや善き国家を考究している点ではプラトンと重なる。その規範論的な社会哲学は『ニコマコス倫理学』という講義録などにまとめられている。しかし，政治についての主著である『政治学』においては，プラトンの哲人王国家論を批判的に検討し，「最高善」を追求する存在として自らの理想国家について論じた後に，現実に存在する都市国家の政治のあり方（国制）につい

て叙述するところに，彼の特徴があった（『ニコマコス倫理学』高田三郎訳，『政治学』山本光雄訳，いずれも岩波文庫）。

　また，アリストテレスはプラトンに比べて分類論を重視する傾向があり，実在する国制について論じる際にも，寡頭政や民主政といった体制分類を行い，さらにそれぞれの体制にはどのような政治制度や組織原理が存在するのか，そしてそれらがいかなる理由によって変化するのかを，詳細にわたって検討する。現実に何が存在しているのか，それはなぜかを考える姿勢は，実証分析による政治学の始祖と呼ぶにふさわしいといえよう。アリストテレスの政体分類論は，古代ローマにも継承され，さらには近代政治思想の礎石となった。今日にもその一部が伝わっている（『アテナイ人の国制』村川堅太郎訳，岩波文庫）。

（3）権力と社会契約

　古代ギリシアの政治学は，キリスト教の広がりとともに，いったんヨーロッパ世界から姿を消す。権力や統治が神に由来すると考えるキリスト教の世界観は，あくまで人間の理想や現実の問題として政治を考えようとしたギリシア哲学とは相容れなかったためである。古代の政治学が再び脚光を浴びるようになるのは，イスラム世界との接触によって古代ギリシアやローマの著作が再発見されてから，すなわち14世紀イタリアに始まるルネサンス期，そしてその後に続く近代になってからのことであった。

　近代以降の政治思想とその今日的意味については，本書第6章においてより詳しく述べるが，近代の政治学において最も重要な概念として整理されたのが，権力である。古代ギリシアの政治論は人間の営みとして政治を捉えたが，権力とは他者への働きかけを伴うという契機を強く意識はしていなかった。それに対して，近代以降の政治学において権力と

は，他者（自分以外の個人や集団）に対して自らの意向や優先順位（選好順位）を受け入れさせることとして認識されるようになった。

　定義としてはなお完成されてはいなかったものの，人間による他者への働きかけの中に権力の本質を見出したのが，1532 年に公刊された『君主論』を著したニコロ・マキャヴェリである（『君主論』池田廉訳，中公文庫）。彼はフィレンツェの官僚で，支配者であるメディチ家の当主ロレンツォ・デ・メディチに捧げるためにこの本を書いた。マキャヴェリの議論は，権力の特徴を他者への働きかけと捉えた上で，それを賢明に使うことが君主にとって重要であり，君主になる人間はそのことに意識を向けなくてはならないと説くもので，近代政治学の幕開けを告げる議論であった。だが，他者への働きかけという側面が権謀術数を勧めるものと受け止められ，マキャヴェリズム（権謀術数主義）は政治の負の側面を語る言葉になってしまった。

　別の重要な概念は，社会契約である。社会契約は古代ギリシアには存在しない概念で，17 世紀のイングランドにおいて，トマス・ホッブズの『リヴァイアサン』やジョン・ロックの『市民政府論（統治二論)』により明確化された（ホッブズ『リヴァイアサン』永井道雄・上田邦義抄訳，中公クラシックス，ロック『統治二論』加藤節訳，岩波文庫）。個人は生まれながらにして自らの安寧を確保して幸福を追求する権利，すなわち自然権を持っている。しかし，個々人がそれぞれ身勝手な行動をして，他人の安寧を脅かし，幸福の追求を妨げれば，このような自然権は絵に描いた餅になってしまう。そこで，各人の身勝手な行動を抑止し，それでもなお他者の自然権を侵害する者には制裁を加えることで，自然権を実際に行使できるようにするため，契約が結ばれることになる。これが社会契約なのである。

　社会契約とは，個々人が社会を形成して相互に助け合うことを約束す

るものだが，社会を構成する個人は全員が異なった選好順位を持っている以上，そこには権力が生じることになる。権力は，社会契約に基づいたものであれば正統であるとされた。正統な権力行使がルールによって具体的に定められるとき，その行使の根拠を権限という。そして，社会が契約によって成り立っていることを前提に，そこで権力が誰により，どのように行使されるのか，その行使がなぜ可能になるのか，正統だといえるのかを考えることが，近代以降の政治学の最も根本的な問いかけになっていくのである。

　近代になって登場した政治学の重要概念として，権力分立も挙げることができる。権力分立のルーツは古代ギリシアやローマの政体分類論に求められ，君主が権力を握っている君主政と，貴族が権力を握っている貴族政の長所を組み合わせた混合政体論も，近代以前から提唱されていた。しかし，それをより具体的な権力の担い手の分散，すなわち権力分立論として展開するようになったのは近代になってからのことである。とくにフランスの思想家モンテスキューが1748年に刊行した『法の精神』という大著において，主に当時のイギリスをモデルに権力分立を論じたのが重要なきっかけとなった（『法の精神』野田良之・稲本洋之助・上原行雄・田中治男・三辺博之・横田地弘訳，岩波文庫）。

　モンテスキューが参照した時代のイギリス政治は，1688年から89年にかけて起こった名誉革命より後の時期に当たり，君主である国王と，貴族や都市富裕層が中心の議会の間で政治権力が分け持たれるような状況にあった。モンテスキューは，ここにイギリスではそれほど明確でなかった司法権力の独立も組み入れて理論化することで，君主とその下にある内閣や行政部門，議会という立法部門，そして裁判所が担う司法部門の間の分立を説いたというのが，従来広く受け入れられてきた説明である。最近では，モンテスキュー自身というよりも，彼の議論を参照し

ながらイギリスやアメリカで権力分立という考え方が明確化されたという指摘もなされている。いずれにしても，権力分立という考え方が成立する過程で，モンテスキューの議論がたびたび参照されたことは間違いない。

　権力分立の具体的な仕組みはさまざまだが，どのような仕組みを採用する場合でも，権力の担い手を複数の個人や集団に分けて相互抑制させるという考え方が基本にあり，それによって政治権力者に制約を加えようとする。権力者への抑制を政府の仕組みに関するルールに明記するのが，近代立憲主義という考え方である。

3. 現代政治学のアプローチ

（1） 現代政治学の諸領域

　現代の政治学は，古代ギリシアにおいてその礎が定められ，近代初頭までにマキャヴェリやロック，モンテスキューらによって原型が形成された。今日，規範論としては政治思想史や政治理論（政治哲学），実証分析としては政治過程論や比較政治学などと呼ばれる領域が，これらのいわば直系に当たることになる。また，古代ギリシアやローマ以来，一貫して政治学の議論を根拠づけてきたのが歴史である。過去の記録や先行する歴史書などに依拠しながら，それを具体的な事例として自らの議論の妥当性を主張する，あるいは歴史上の複数の事例から一般化できる知見や原則を見出すことは，政治学の最も基本的な手法であった。歴史への関心は，現代では政治史や外交史と呼ばれる領域を形成している。

　さらに，今日では政治学の領域の１つとなっている国際関係論（国際政治学）は，その起源が複数あることもあって，学問の成り立ちはより複雑である。他の関係諸領域と重なり合う部分も多いことも特徴と言えるだろう。古代ギリシアのトゥキュディデスをはじめとして，さまざま

な過去の知見が国際関係論の源流となっている。また，17世紀から19世紀にかけて近代的なヨーロッパ国際法が徐々に形作られる中で，国家間の関係を規律するルールも整備されていった。

　このように，国家間の関係の検討それ自体はさまざまなアプローチから進められてきたが，独立した学問領域としての国際関係論（国際政治学）が成立したのは，おおむね第一次世界大戦後のことであった。第一次世界大戦は，参戦した各国が国力のすべてを投入する戦争，すなわち総力戦となった。総力戦の経験は，戦争を回避し平和をいかに達成するかという課題をより実践的な学問として発展させることにつながった。そして，第二次世界大戦後には植民地が独立し，主権国家体制が世界大に広がり，さらに国家間の相互依存やグローバル化が進んだことで，分析領域や対象も拡大することとなった。

　ここまで述べてきたように，古代ギリシア以来の系譜の上に，近代以降にいくつかの領域が加わって，今日の政治学は成り立っている。ただし，現在の学としての営みは，その成立の過程とは必ずしも重なり合わない形で進められている。学術的な対象となる主題（研究テーマ）が存在しているとき，それを追究する方法は，その研究テーマが存在している領域の発展史とは直接関係しない。むしろ，従来試みられていなかった追究方法によって新しい知見を生み出されることが多いのだから，当然のことではあろう。

　たとえば，国際関係論と呼ばれる領域を取り上げてみても，規範的な視点を重視するもの，国家間関係を重視するもの，国家以外の主体（国際機関やNGOなど）の役割を重視するものなど，さまざまな視点がとられている。また，国際関係を規定する有力な要因についても，人権思想などの理念を重視するもの，条約などのルール（制度）を重視するもの，経済的関係を重視するもの，軍事力など国家相互間の力関係を重視

するものなど，多様な見解が提示されている。それらの見解を根拠づけ
る手法についても，歴史上の事例によるもの，大規模なデータとその数
量分析によるものなど多岐にわたる。視点や最有力要因，論証手法につ
いての多様性は，国際関係論のみならず政治学のほぼすべての領域に見
られる。

（2）比較政治学の場合

　以上のような事情から，本章で現代の政治学のすべての領域について
概観を与えることは不可能である。この講義では，ここまで述べてきた
区分にしたがっていえば，実証分析に基づく比較政治学の知見を，日本
政治をはじめとする現代政治の理解のための中心的な枠組みとして用い
る。そこで，比較政治学の実証分析の現状についてのみ，以下ではやや
立ち入って紹介しておくことにしよう。

　比較政治学の実証分析は，何らかの共通した視点から，複数の国家や
地域に存在する政治現象についての因果関係（原因と結果の関係）を比
較することを基本とする。たとえば利益集団の役割に注目して，環境保
護を目指す利益集団が政治過程でいかなる活動をしているのか，それは
なぜか，日米で違いがあるとすれば何に起因するのか，といった事柄を
明らかにする。一覧表のようなものを作って日本とアメリカの政治を比
べる，といった直接的で単純な比較が行われることはまずない。ほとん
どの場合，政治現象は非常に多くの要因の複雑な相互作用によって生じ
るため，直接比較はかえって理解を妨げる。むしろ，具体的な対象とし
ては1つの国や地域に限定していても，比較のために生み出された視点
から分析を行っている場合には，比較政治学に含まれる。

　共通の視点としては，民主主義や権威主義といった政治体制とそれを
支えるイデオロギー（体系的世界観）に注目するもの，政治的意思決定

が行われる際の仕組み（制度）に注目するもの，政治的意思決定の結果として生み出される政策が経済に与える影響に注目するものなどがあり，それぞれ政治体制論，比較政治制度論，比較政治経済学といった名称が与えられている。たとえば，政治体制論であれば，政治体制の差異からいかなる政策選択の違いがもたらされるのか，同じ政治体制にどのようなヴァリエーションがあるのか，それはなぜ生じるのかなどについて分析する。

（3）因果関係の解明

　具体的な分析に際しては，因果関係のメカニズムあるいはモデルの解明に重点が置かれる。まず，ある政治現象について何が原因になっているかに注目し，原因と結果についての基本的なメカニズムを想定する。原因として作用する要因のことを「独立変数」と呼び，結果として生じる現象を「従属変数」と呼ぶ。想定する因果メカニズムが「仮説」であり，従来行われてきた研究から構築された理論に基づいて導出される。理論のことを「アプローチ」と呼ぶこともある。理論に基づいて，分析対象に即して導かれた仮説を，記録やインタヴュー，報道などの質的な情報，あるいは観測や調査の結果などのデータ（量的な情報）と突き合わせ，実際に仮説が成り立っているかどうかを確かめる。この作業を仮説検証という。

　仮説検証を現代政治分析の柱に据えるのは，第二次世界大戦後にアメリカで発展した政治学の大きな特徴であり，比較政治学以外の領域にも広く及んでいる。その際，政治学の伝統的な実証手法の流れを汲む質的な分析に加えて，データを多く集めて統計学的手法により分析を行う量的な研究が重視されるようになったことも，アメリカ政治学の特徴である。社会学や心理学とも共通する調査方法の発展，コンピュータの開発

と急激な性能向上，自然科学と同じような科学であると主張することによる予算獲得上の利点などが，このような変化の背景にあったと考えられている。政治学は，経済学などと並んでアメリカの世界的影響力が大きい学問分野の1つであり，今日ではアメリカ政治学が持つこのような特徴は，批判や反発はあるものの，日本を含めた各国に受容されている。

注記：本章における国際関係論の成立史についての記述は，白鳥潤一郎先生にお力添えを賜った。

参考文献

久保慶一・末近浩太・髙橋百合子『比較政治学の考え方』有斐閣，2016年。

久米郁男『原因を推論する』有斐閣，2013年。

佐々木毅『政治学講義［第2版］』東京大学出版会，2012年。

篠田英朗『「国家主権」という思想』勁草書房，2012年。

細谷雄一『外交——多文明時代の対話と交渉』有斐閣，2007年。

松下圭一『政治・行政の考え方』岩波新書，1997年。

2 | 代議制民主主義の基本構造

待鳥聡史

《学習のポイント》 本章では，政治体制としての民主主義の特徴，直接民主主義と代議制民主主義の共通点と異同，代議制民主主義の基本構造としての委任と責任の連鎖関係について理解を深める。
《キーワード》 政治体制，民主主義，委任と責任の連鎖関係

1．政治体制としての民主主義

（1）民主主義という言葉の多義性

　民主主義という言葉，あるいはそこから派生した民主的とか民主化といった言葉は，日常生活にも入りこんでおり，ほとんどの人にとって学校の授業以外でも聞き覚えのあるものではないだろうか。学校の授業では聞いたことがあるが日常生活には登場しない用語，たとえば裸子植物とか校倉造とかいう言葉とは異なっており，方程式とかルネサンスといった言葉に近い位置づけである。

　しかし，これら日常生活でも使われるようになった言葉は，一種の比喩として用いられることが多いために，その本来の定義はかえって分かりづらくなっていることが多い。たとえばルネサンスにしても，日常語としては新時代の到来といったニュアンスであり，古代ギリシアやローマ（古典古代）の学術や芸術の再発見とそれに基づく復興を指すことは，しばしば忘れられてしまっている。方程式に至っては，スポーツにおける「勝利の方程式」といった表現に見られるように，数学的な意味

は全くなく，単に目的の達成や結論を得るために最も確実性の高い手段，という程度の意味で用いられる。

　同じことは，民主主義や民主的といった言葉についても当てはまる。日常的には，みんなの意見や考えを聞いた上で，それをできるだけ尊重して物事を決めていくことが民主主義で，それが実現している状態を民主的，実現を目指すことを民主化，という程度の意味合いで使われているように思われる。戦後日本の場合，民主的とは戦後改革を経た新しい政治・経済・社会のあり方全般を指しており，その対義語は封建的であって，戦前の政治・経済・社会のあり方を指していた。先に挙げたルネサンスや方程式の場合ほど比喩や転用に近いとまではいえないが，相当程度の意味の拡張が生じていることは間違いない。また，さまざまな組織の意思決定が民主的だという場合には，意味の拡張というよりはさらに比喩に近づく。

（2）3つの政治体制

　政治学において，民主主義は基本的に政治体制を指す用語である。政治体制とは，政治権力が誰によって握られているのか，それがどの程度まで抑制され継続するのか，さらに権力が及ぶ範囲が政治以外のどこまでか，といった基準により，各国の政治のあり方を区別するための概念である。今日では一般的に，全体主義体制，権威主義体制，民主主義体制という3つの区分を行う（表2-1参照）。

　全体主義体制とは，個人あるいは単一の政治勢力が権力を独占し，それが事実上何らの抑制を受けることなく継続し，その体制下に暮らす人々の生活のすべてを支配している体制をいう。論者によっては，支配のためのイデオロギー（体系的世界観）の存在を要件に加える場合もある。典型例はナチス・ドイツやスターリン時代のソヴィエト連邦などで

表2-1　3つの政治体制の違い

	全体主義体制	権威主義体制	民主主義体制
権力は誰に握られているか	個人あるいは単一の政治勢力	個人あるいは単一の政治勢力	複数の政治勢力が競争により担う
権力は制度的に抑制されているか	抑制されない	形式的な抑制はあるが実効性に乏しい	選挙や権力分立などによる抑制
権力が及ぶ範囲はどこまでか	人々の生活すべて	政治に関わる事柄だけだが広め	政治に関わる事柄のみで狭い

（筆者作成）

ある。

　権威主義体制は，人々の生活すべてを支配しているわけではないが，政治に関しては個人や単一の集団が権力を独占し，それに対する選挙や権力分立による抑止が存在しないか，していても事実上作用しない体制を指す。典型例は，今日の多くの中東産油国や中国などである。なお，全体主義体制は権威主義体制の最も極端な形態と見なすこともできるので，両者を区別しない場合もある。また，より伝統的な概念としての独裁や専制は，権力が及ぶ範囲によって，いずれかに分類される。

　民主主義体制は，全体主義体制や権威主義体制が持つこれらの特徴を持たない政治体制である。すなわち，政治権力は個人や単一の勢力によって独占されておらず，普通選挙（有権者資格に年齢による制限以外を課さずに行われる公職者の選挙）を通じた権力の担い手の交代，あるいは権力分立による抑制が制度上確保されている。政治権力の獲得を目指す勢力は複数存在しており，有権者の支持を得るために常に競争する。人々の思想信条や社会経済生活は原則的に自由であり，政治権力者に対する批判が咎められることはない。また，法律などのルールが例外

的に制限を課す場合以外には，個人の言動や行動に権力者が介入することはない。

（3）ポリアーキー

　民主主義体制が持つこれらの特徴について，アメリカの政治学者ロバート・ダールは，政治権力を目指す勢力の競争の存在と，有権者が政治権力者の選出に参加し，場合によっては自らがそのような勢力になりうることという2つの側面にまとめた。彼は，これら2つの側面のいずれもが充足された政治体制を「ポリアーキー」と呼んだ（『ポリアーキー』高畠通敏・前田脩訳，岩波文庫）。

　ポリアーキーは民主主義の機能的側面に注目した最小限の定義で，今日でも民主主義体制であるかどうかの重要な基準とされている。ただし，歴史的に見れば，民主主義の定義にはやや揺らぎが見られる。前章でもふれたように，古代ギリシアの一部の都市国家は民主政であったが，その際には，成人男子自由民である市民が民会による政策決定に参加していることが必要とされた。有権者資格に性別や身分（奴隷でないこと）による制限が課されていることもさることながら，民会による政策決定には制度的抑制が存在しないことは，古代民主主義の大きな特徴である。それゆえに，有権者である市民が謙抑的に行動しないと衆愚政治に陥る危険性が大きかったのである。

　民主主義の歴史を考える上で，有権者の意思に基づく政策決定とそれに対する抑制の間に存在する緊張関係と並んで大きな論争点は，民主主義が望ましい政治体制あるいは理念であるかどうかについてである。古代の民主主義は，市民が政策決定に参加しているという状態を示す概念であって，民主主義というよりも民主政あるいは民主政治という言い方がふさわしいであろう。それはあくまで，君主政や貴族政と並列され

て，政治権力の所在を示す概念に過ぎなかった。自由主義（liberalism）
や共産主義（communism）のように，達成すべき政治のあり方やそこ
から導かれる体系的な世界観を示す言葉ではなかったがゆえに，日本語
では民主「主義」でありながら英語では ism がつかず，democracy（デ
モクラシー）という言葉が使われているのである。語源的にいえば，民
主主義という言葉は誤りに近い。

　しかし現代においては，一般市民からなる有権者が自由意思で政策決
定に参加していること，政治権力の正統性の根拠が有権者からの支持に
求められることは，政治が目指すべき理想あるいは望ましい状態を指す
ようになった。デモクラシーという言葉は今日，単に状態を述べるため
の概念ではなく，全体主義や権威主義との対比において，望ましい状態
や目指すべき方向性を指し示す理念として用いられている。そう考えれ
ば，デモクラシーに民主主義という訳語を当てたことは妥当だったとい
うべきなのであろう。以下の本書でも，とくに必要がない限りは民主政
や民主制ではなく，民主主義という言葉を用いることにする。

2. 民主主義と代議制

（1）古代ギリシアの民主主義

　民主主義が政治体制の１つであり，その最小定義がダールのいうポリ
アーキーだとしても，それだけで実在する民主主義体制のあり方を理解
できるわけではない。その一因は，現代の民主主義体制には，歴史的に
異なる起源を持つ複数の要素が混在しているからである。

　既に何度か言及したように，記録が残っている限りで歴史上最も古い
民主主義体制は，古代ギリシアに存在していた。アテネ（アテナイ）が
その代表であり，紀元前５世紀が全盛期であった。古代の民主主義は，
市民から構成される民会が政策決定を担うところに特徴があり，民会に

参加するメンバーを選挙や抽選によって限定していなかったことから，直接民主主義といわれている。民会への参加は当初無報酬であったが，全盛期とされるペリクレス時代には手当が出るようになった。このほか厳密には，都市国家としてのアテネの歴史において民会が果たす役割には時期ごとの変化が見られるが，ここでは直接民主主義であったことのみに注目しておきたい。

　直接民主主義は，古代ギリシアの都市国家が衰亡して以降，ほとんど採用されなくなった。理由は大きく２つあった。１つは，市民（有権者）であれば誰でも民会に参加できるのであれば，参加が可能な民会の開催場所や参加者の交通手段を確保せねばならないが，小規模な都市以外においては困難だったためである。アテネの場合にも，実際に民会に参加した人数は市民の総数に比して小さかったようだが，そうであったとしても，参加の機会や手段を保障する必要はある。

　もう１つの理由は，市民に政策決定を委ねることは間違った判断につながると考えられたことである。古代ギリシア随一の繁栄を誇ったアテネが，ペロポネソス戦争でライヴァルのスパルタに敗れたこと，さらにはアレクサンドロス大王率いるペルシアの配下に入って独立を失ったこと，その過程で哲学者ソクラテスをはじめ多くの優れた人物を死刑や追放に処したことなどは，文献を通じて後世の人々に受け継がれ，民主主義は適切な政策選択を行うのが難しい体制だと考えられるようになった。後年，アメリカの建国者の１人で憲法制定に尽力したジェイムズ・マディソンや，そのアメリカを19世紀前半に旅して『アメリカのデモクラシー』（松本礼二訳，岩波文庫）を書いたフランス貴族のアレクシ・ド・トクヴィルが「多数者の専制」として定式化したのも，民主主義体制が持つこのような側面であった。

（2）議会政治の発展

　古代ギリシアの直接民主主義と並ぶ，現代の民主主義体制の別の起源は，近代における議会政治の発展に求められる。

　近代の議会のルーツは中世の身分制議会である。ギリシアに代わって古代ヨーロッパ世界の中心的存在となり，やがて域内の統一を果たしたローマ帝国は，4世紀末には東西2つの帝国に事実上分かれる。このうち西ローマ帝国は域外民族の侵入や域内反乱に悩まされ，5世紀末に西ローマ皇帝は存在しなくなった。その後，現在の西ヨーロッパや中央ヨーロッパに当たる地域には，さまざまな王朝が分立した。しかし，これらの王朝は存立している領域においても君主が住民を直接支配していたわけではなく，国内は貴族や高位聖職者が領主である荘園などに細分化され，住民は領主に支配されていた。君主は国内からの資源確保（徴税や動員など）を行おうとする場合，領主である貴族や聖職者の同意が不可欠で，そのための場として設けられていたのが身分制議会である。

　身分制議会は，16世紀頃から君主権力が強まる絶対王政の時代になると，国内からの資源確保について貴族らの同意が必要でなくなるため，衰退していった。唯一の例外がイングランドで，ヨーロッパの周縁部にあって国力に乏しかったこと，1215年にマグナカルタ（大憲章）が作られて君主権力が制約されていたことなどから不完全な絶対王政に止まり，中世からの議会が存続した。

　そのイングランドにおいては，17世紀になると，宗教問題も絡む形で君主と議会の対立が強まった。1649年にはピューリタン革命によっていったん王政を廃し，王政復古を経て1688年から89年の名誉革命によって議会権力が確立されるに至った。このときをもって，近代議会政治の始まりだと見なすことが多い。君主権力を制約しつつ議会の役割を拡大する動きは，しばらくの間イギリスのみが先行していたが，18世

紀末のフランス革命やアメリカ独立を皮切りに，19世紀にはヨーロッパと北米の各国に広がっていった。

　注意しなくてはならないのは，名誉革命によって議会権力が確立したことは間違いないにしても，その担い手は身分制議会の伝統を引き継いだ，貴族・聖職者・都市富裕層から構成される議会だったことである。貴族や都市富裕層が持つ特権や財産を，同意なく君主に奪われないようにすることが議会の最大の存在意義であるという中世以来の伝統も，近代初頭には継承されていた。ジョン・ロックが財産権の保障を社会契約の目的だと述べるとき，想定されていたのはこのような君主・議会関係である（『統治二論』加藤節訳，岩波文庫）。

　同意，すなわちルールと適正な手続きを踏まえた合意形成を重視することは，君主であってもルールと適正な手続きには縛られることを意味する。この考え方は，ルールによって権力者を抑制する近代立憲主義や法の支配の源流となった。また，その裏返しとして同意がない場合には貴族や都市富裕層の行動は自由で，君主に従う義務は負わないということでもあり，この考え方は近代自由主義の重要な源泉となった。言い換えれば，近代議会政治は自由主義の担い手として始まったのである。

（3）代議制民主主義の確立

　議会は19世紀を通じて，その選出母体すなわち有権者の範囲を拡大していった。1789年にフランス革命が勃発し，やがてナポレオンが登場する。このときに成立したのが国民国家の概念である。国民国家では，それまで続いていた身分制社会を打破して，領域内に暮らすすべての人々を国民として等しく扱い，等しく国家のために献身することを求めるようになった。当初，兵役や納税といった国民の義務が先行したが，ほどなく有権者資格の拡大によって政策決定に参加する権利を保障

することにもつながった。

　それと並行するように，19世紀のヨーロッパ諸国は産業革命を経験し，都市には多くの財産を持たない労働者が出現するようになった。彼らの存在は，依然として特権や財産を持つ貴族や都市富裕層（その一部は産業資本家になっていた）にとって潜在的な脅威であった。脅威への対処として，試行錯誤を繰り返しながらも次第に彼らを有権者として認めるようになっていったのである。イギリスの選挙法改正はその典型例だが，フランスのように革命と反動を繰り返しながら有権者資格の拡大が進んだ国も存在した。有権者資格の拡大が成人男性のすべてに及んだとき，普通選挙が実現したことになる。ただし，多くの国で成人女性が有権者になるのは20世紀前半のことであり，人種その他の差別によって有権者資格を実質的に認められない社会構成員も残った。

　君主に対抗して貴族や都市富裕層が自らの特権と自由を守るための拠点であり，自由主義の担い手であった議会は，有権者資格の拡大による普通選挙の実現を経て，社会を構成する一般の人々の代表，民主主義の制度装置へと変化していった。ここに，議会を通じて民主主義に基づく政治を行う，代議制民主主義が確立することになった。代議制民主主義は，20世紀初頭までにヨーロッパの主要国とアメリカがそれに該当するようになり，日本など非欧米圏の後発近代化国もそれに続いた。日本が衆議院に成人男子普通選挙制度を導入したのは1925年（それに基づく選挙は28年から），女性参政権の実現は45年（それに基づく選挙は46年から）であった。

　今日，代議制民主主義は直接民主主義が規模の問題から実現できないために，代替的な手段として用いられているという説明がしばしば見られる。しかし実際には，起源が異なる民主主義と議会政治が合流して成立したもので，直接民主主義とは別の理念を持つ。言い方を変えれば，

有権者である一般の人々の意向（民意）を反映した政策決定を行うことは，代議制民主主義にとって唯一最大の存在意義ではないのである。

3. 委任と責任の連鎖

（1）委任とは何か

　自由主義（議会）と民主主義（普通選挙）が組み合わされることで成立したことは，代議制民主主義に固有の特徴を与えることになった。

　その1つが，有権者から政治家に対する「委任」の存在である。委任とは，何らかの役割や業務を自分以外の他人に委ねることを指し，委任を行う人を「本人」，委任を受ける人を「代理人」ということもある。委任を行う際に，どの程度厳密な業務内容の限定を行うかについては，さまざまな形が考えられる。たとえば，プロスポーツ選手が契約交渉を代理人に委ねる場合に，単に契約金や年俸といった金銭面でできるだけ高額を勝ち取ることのみを依頼するのか，年俸の最低ラインを決めて依頼するのか，出場機会など他の条件も付け加えるのかなど，多様な形態がありうる。また，委ねる相手を1人に限定する必要もない。私たちの日常生活を考えても，法的な問題解決については弁護士に，税務処理は税理士に依頼することがあるが，これは事柄によって代理人を変える例である。

　多様な委任形態がありうることは，代理人が本人の意向に対してどれだけ忠実でなければならないかに影響する。代理人は本人の意向を受けて行動するので，委任してくれる本人に不利益を与えてはならないが，本人が明確に要望したことのみを行うべきかどうかは場合によるだろう。たとえば，先ほど挙げたプロスポーツ選手の例でいえば，選手から今年の年俸を上回る額を来年の契約では勝ち取ってほしいと言われた代理人が，他の選手との比較で相場のようなものを想定し，同じ水準の年

俸アップを勝ち取るのか，そのような考えはとらずにとにかく1円でも
アップすれば良いと考えるのかは，一概に言うことはできない。一般的
には，本人の明示的な要望には含まれないが利益にはなると思われる選
択を行うことは，良き代理人に期待されることであろう。

　政治における委任について考えてみよう。有権者は政治家に対して，
自分が好ましい，あるいは望ましいと思っている政策を実現してほしい
と願って委任を行う。その際に，本人である有権者は委任内容を完全に
明確化することは難しいので，代理人である政治家が主要な政策課題に
ついての自らの判断をまとめて，選挙の際に有権者に示すことになる。
これが公約である。複数の政治家（候補者）からの公約を比較して，有
権者は投票により自らの考えに最も近い政治家に委任を行おうとする。
投票した政治家が当選すれば委任は成立したことになる。

　しかし，選挙を通じてなされる委任は選挙時点での主要課題を扱って
いるに過ぎないから，選挙後に生じた新しい課題や，より適切な進め方
が見つかった課題などについては，有権者の利益を考慮しつつ，政治家
が自らの判断で処理することになる。それを「裁量」という。代理人で
ある政治家の裁量の存在は，代議制民主主義のもう1つの特徴である。

　政治家はまた，有権者の委任に応えて政策決定を行っていくことにな
るが，議会のような場所では独力で政策を決めることはできず，他の政
治家とともに多数派を作る必要がある。このような多数派形成を円滑な
ものにするのが政党の存在である。政党に所属することで，政治家は有
権者に対して政策上の立場を伝えやすくなるとともに，政治家相互間で
の多数派形成が容易になる。

　同時に，政党という組織の中で活動するに当たっては，組織内分業と
いう形で別の委任が成立することにもなる。有権者からの委任を受けた
代理人である政治家が，他の政治家に再委任を行うことで有権者への約

束を守ろうとすることは，裁量に基づく行動の1つである。同じことは政治家と官僚の関係についてもいえる。政策の細部について政治家がすべて関わっていたのでは，かえって有権者の期待に応えられないという場合，官僚への再委任を行うとともに裁量を与えて，細部を官僚の判断に委ねるわけである。

（2）説明責任とは何か

有権者からの委任を受けた政治家と，政治家からの再委任を受けた官僚を総称して「統治エリート」と呼ぶことがある。委任あるいは再委任を受けた統治エリートは，どの程度の裁量が許されることになるのだろうか。別の言い方をすれば，有権者による統治エリートに対するチェックは，どのようにして働くことになるのだろうか。このことを考える上で重要なのが，委任・裁量と並ぶ代議制民主主義の第3の特徴としての「説明責任」の存在である。

説明責任，あるいは単に責任とは，本人からの委任を受けた代理人が，委任内容に即して行動しているか，本人の期待に見合い，利益になるように行動しているかどうかを，本人の求めがあれば示せる状態にしておく義務のことをいう。英語ではaccountability（アカウンタビリティ）といわれるが，その語源は「会計」や「口座」を意味するaccountと同じであり，もともとは金銭について疑義のない状態を保っておくことに由来している。説明責任が充足されていないとき，本人は代理人に制裁を加えることができるが，最大の制裁は代理人としての委任の解除である。より軽度な制裁として，委任の範囲の縮小や報酬の削減などもありうる。

代議制民主主義における説明責任確保の最も重要な方法は選挙である。公約を守れなかったり，有権者の期待に添えない政治家を落選させ

たり，その政治家が所属する政党の議席数を減らして与党から野党に転落させることは，委任先の変更や委任内容の大幅な変更を意味しており，有権者が持つ強力な制裁手段である。このような制裁による説明責任の確保のために，自由で公正な選挙が競争的に行われていることの意味は大きい。統治エリート内部での再委任については，有権者は直接の説明責任確保や制裁の手段を持たない。しかし，説明責任を果たさない官僚への委任を行った政治家や政党に制裁を加えることで，間接的に再委任についても影響力を行使することはできる。

　ここまで述べてきた，委任と説明責任という観点から代議制民主主義を図式化したのが**図2-1**である。この図からも分かるように，代議制民主主義は有権者を起終点とする「委任と責任の連鎖関係」として捉えることができる。有権者がすべての委任の始まりであり，すべての説明責任を問える立場にいるという意味で民主主義の特徴を，統治エリートが委任の範囲内で裁量を持つという意味で自由主義の特徴を，それぞれ有している。そして，政治家や官僚の裁量範囲が大きい代議制民主主義を「エリート民主主義」と呼び，裁量範囲を極力小さくするとともに選挙以外の手段も用いて，有権者の意向を政策決定にできるだけ忠実に反映させることを志向する動きを「参加民主主義」と呼ぶことがある。エリート民主主義は代議制民主主義の持つ自由主義的側面を，参加民主主

（筆者作成）

図2-1　委任と説明責任という観点からの代議制民主主義

義は民主主義的側面を強調する考え方である。

（3）代議制民主主義の多様性

　エリート民主主義と参加民主主義という2つの対極的な考え方が存在することからも明らかなように，代議制民主主義はすべて委任と責任の連鎖関係から把握できるとしても，その実際のあり方には極めて広範なヴァリエーションが存在する。代議制民主主義が成立する過程で合流した自由主義的要素と民主主義的要素のいずれに重きを置くか，統治エリートの競争や相互抑制に基づきつつ行使される裁量の範囲をどの程度認めるかによって，具体的な仕組みが異なるのである。

　そのような多様性は，一方において代議制民主主義を安定させてきたことは間違いがない。たとえば，第二次世界大戦中のイギリスは下院選挙を行わず，ウィンストン・チャーチルを首相とする挙国一致内閣に戦争指導を全面的に委ねて，ナチス・ドイツや日本との長く苦しい戦いを切り抜けた。同じ頃のアメリカは，選挙については定期的に行っていたものの，フランクリン・デラノ・ローズヴェルトが史上初めての大統領三選，四選を果たして12年以上にわたり在任することで，集権的で一貫した政策決定を実現していた。だが，これら両国は帰趨がほぼ決した大戦末期に従来の代議制民主主義に復帰して，イギリスではチャーチル率いる保守党が労働党に敗れて下野し，アメリカではローズヴェルトを支えた民主党が1946年中間選挙で下院多数党の地位を失った。有権者から見て，戦時には統治エリートに広範な裁量を与えるが，平時には平時の尺度で委任に応えているかどうかを問うことができる柔軟性は，代議制民主主義の大きな強みである。

　他方で，広範なヴァリエーションが存在しているがゆえに，委任と責任の連鎖関係という原理レヴェルを超えて，代議制民主主義を実質的に

1つのまとまった政治体制として把握することは容易ではない。たとえ
ば，1975年から開かれている主要国首脳会議（G7サミット）に出席す
る人物が，アメリカやフランスなどはそれほど代わらないが，日本は頻
繁に交代しており，首脳間の信頼関係を築けずに国益を損ねている，と
いう批判がある。日本の首相がアメリカやフランスの大統領と信頼関係
を築けていないかどうかはともかくとして，同じ代議制民主主義を採用
していながら，サミット出席者となる執政長官（大統領や首相，詳しく
は第4章参照）の在任期間が多様であることは注目に値する。同じ「大
統領」であっても，アメリカは4年（再選されれば8年），フランスは
5年（再選されれば10年）と任期は異なるし，大統領ではなく「首相」
の場合にはそもそも固定された任期という考え方はない。ドイツのよう
に10年以上在任する首相が珍しくない国もあれば，イギリスのように
数年から10年以上まで多様な国，日本やイタリアのように数年程度が
一般的という国まで，さまざまである。

　次章からは，このような多様性がなぜ生じているのかについて，考え
ていくことにしよう。

参考文献

宇野重規『民主主義とは何か』講談社現代新書，2020年。

ダール，ロバート・A（高畠通敏・前田脩訳）『ポリアーキー』岩波文庫，2014年。

トクヴィル，アレクシ・ド（松本礼二訳）『アメリカのデモクラシー』（全4巻）岩
　波文庫，2005-08年。

早川誠『代表制という思想』風行社，2014年。

待鳥聡史『代議制民主主義』中公新書，2015年。

山本圭『現代民主主義』中公新書，2021年。

3 | 有権者と政治家

| 待鳥聡史

《学習のポイント》 本章では，代議制民主主義における委任と責任の連鎖関係を具体化する2つの基幹的政治制度（選挙制度と執政制度）のうち，主に選挙制度について，有権者・政治家・政党に与えられる誘因構造の観点から政治過程への影響を明らかにする。

《キーワード》 基幹的政治制度，選挙制度の比例性，戦略的行動

1. 2つの基幹的政治制度

（1） 基幹的政治制度とは何か

　代議制民主主義とは有権者を起終点とする委任と責任の連鎖関係であり，委任を受けた政治家や再委任を受けた官僚が裁量の余地を持つところに固有の特徴を見出せる。

　このように捉えるとき，次に注目すべきは裁量がどの程度まで許容されるか，である。一方には，有権者からの厳格な委任ではなく，政治家や官僚の裁量範囲を広めに認めておき，統治エリート相互間の競争や相互抑制に力点を置く場合がある。他方には，有権者からの委任をできるだけ詳細かつ厳格にすることで，政治家や官僚の裁量範囲を狭める代議制民主主義がある。これらを両極にして，その間には非常に多くのヴァリエーションが存在することも，代議制民主主義の特徴だといえる。

　ヴァリエーションを具体的に作り出しているのが，政治制度である。とりわけ，有権者が統治エリートをどのように選任するかについての

ルールである「選挙制度」と，統治エリートの間にいかなる分業関係や相互の抑制均衡関係があるかについてのルールである「執政制度」は，代議制民主主義のあり方にとって決定的な意味を持つ。そのため，選挙制度と執政制度をあわせて「基幹的政治制度」と呼ぶことがある。基幹的政治制度を構成する選挙制度と執政制度がそれぞれどのようなものであり，両者がどのように組み合わされるかによって，代議制民主主義には著しい多様性が生まれるのである。

（2）選挙制度の諸要素

　それぞれの制度について，少し詳しく見ておこう。まず選挙制度は，最も広い意味では選挙に関するルール全般を指しており，たとえば投票を行う際に自ら候補者の名前を用紙に書くのか，あらかじめ用紙に記載された候補者名に丸をつけるのか，あるいはタッチパネルのような画面上で候補者名を選択するのかについての決まりなども含まれる。しかし，代議制民主主義のあり方にとって大きな意味を持つ要素としては，議席決定方法と選挙区定数が挙げられることが多い。それぞれについて細部には無数のヴァリエーションがあるが，以下ではごく概略的な説明をしておきたい。

　議席決定方法とは，有権者が投じた票がどのように集計され，議会での議席に変換されるかを定めるもので，「多数代表制」と「比例代表制」に大別される。今日の日本でもそうだが，有権者の投票は"候補者個人に投票する"か"政党に投票する"かに二分される。それは，投票集計の方法が"候補者別の集計"と"政党別の集計"に分かれることに，ほぼ対応している。有権者が候補者個人に投票し，集計も候補者別になされた後，より多くの得票があった候補者から当選する議席決定方法を「多数代表制」という。これに対して，有権者が政党に投票し，集計も

政党別になされて，その得票割合に応じて議席が政党に配分される方法を「比例代表制」と呼ぶ。

　多数代表制は，政治家になってほしい人に投票するという有権者の素朴な感覚にマッチしており，古くから多用されてきた。しかし，結果的に落選した候補者に投じられた票（死票）が多くなり，有権者の意向を議席に配分する際の歪みが大きくなるという難点を抱える。比例代表制は，ほぼすべての有権者の投票が議席決定に用いられる（死票が少ない）ため，有権者の意向に忠実な議席配分ができるという利点があり，20世紀以降広く採用されるようになった議席決定方法である。その一方で，あまりにマイナーな主張をする政党でも議席を得られるために，政策決定に際しての多数派形成が難しくなる。議会での多数派形成が迅速かつ容易にできるのは，多数代表制の相対的な利点である。

　選挙区定数は，1つの選挙区から何人の当選者を出すかを定めるルールである。単に定数ともいわれる。多数代表制でも比例代表制でも選挙区定数は決まっているが，とりわけ大きな意味を持つのは多数代表制の場合である。多数代表制においては，1つの選挙区から1人だけが当選する場合を「小選挙区制」，2人以上が当選する場合を「大選挙区制」に分けるが，日本では大選挙区制のうち選挙区定数が2〜6人である場合をとくに「中選挙区制」と呼ぶことが多い。

（3）執政制度の諸要素

　次に，執政制度について見よう。具体的には第4章で説明するが，執政制度とは，統治エリート間の分業関係や相互の抑制均衡関係を定めるルールで，首相や大統領といった行政部門の長（執政長官）の選任方法に注目して分類を行う。執政長官の選任方法が異なると，委任と責任の連鎖関係が大きく変わるからである。

　執政制度は，一般的には「議院内閣制」「大統領制」「半大統領制」の
3つに区分する。

・議院内閣制

・半大統領制

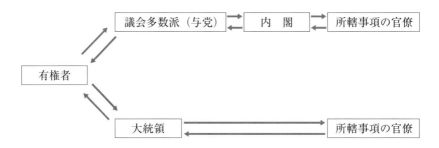

・大統領制

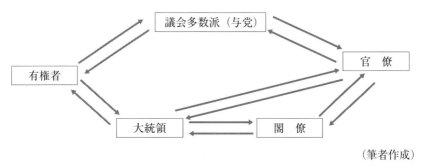

(筆者作成)

図3-1　執政制度ごとの委任・責任の連鎖

　議院内閣制は日本やイギリス，ドイツなどが採用している執政制度で，有権者は議会の構成メンバーである議員のみを投票で選出し，執政長官である首相の選任は議員が行うところに最大の特徴がある。首相は閣僚（大臣）を選任して内閣を構成するが，内閣の存続には議会多数派からの信任が不可欠であり，信任を失った内閣は総辞職するか，再度信任を得られるよう議会多数派を再構成するために解散総選挙を行う。内閣総辞職や解散総選挙があるため，首相の任期は固定されていない。通常，首相を選任し内閣を信任している議会内勢力が与党，それに賛同しない勢力が野党と呼ばれる。与党と内閣が共同で政府の運営に当たっており，官僚は与党の代理人としての内閣の下に置かれるところから，権力融合的な関係といわれることもある。

　大統領制はアメリカや韓国，ブラジルなどが採用している執政制度である。議会選挙と大統領選挙が別個に行われ，有権者はそれぞれにおいて投票する。執政長官である大統領が，議会多数派からの選任ではなく，有権者から直接選挙されるところに最大の特徴がある。大統領と議会多数派の間には信任関係がなく，むしろ議会は大統領が不適切な政策判断を行っている場合には，それを抑止する関係が想定されている。権力分立の考え方を最も忠実に制度化しており，議会と大統領の間には抑制均衡関係があるとされる。大統領の任期は固定的で，議員の任期よりも長いことも珍しくない。官僚への再委任は，議会と大統領の双方からなされる。

　半大統領制は，議院内閣制と同じ仕組みで構成される内閣と，大統領制と同じ仕組みで選任される大統領がともに在任し，内閣が内政を，大統領が外交を担うといった分業関係が存在する仕組みである。現在，フランスやロシアなどが採用しており，権力分有的な仕組みだとされることもある。制度の特徴と作動は，内閣に関係する部分については議院内

閣制に，大統領に関係する部分は大統領制に，それぞれ準じる。内閣（首相）と大統領の関係は多様で，首相の指名や内閣の存続に大統領が実質的に関与するタイプと，関与しないタイプに大別される。運用が難しいのは前者の大統領が関与するタイプである。こちらを大統領―議院内閣制型半大統領制，後者を首相―大統領制型半大統領制と呼ぶこともある。

（4）代議制民主主義の類型

　ここまで述べてきた選挙制度と執政制度の特徴から，代議制民主主義を類型化したのが**表3-1**である。選挙制度は議会選挙における当選に必要な得票率の高低，執政制度は権力の融合・分立によって区分を行っている。半大統領制については，内閣に関係する部分は議院内閣制と，大統領に関係する部分については大統領制とそれぞれ重なるため，類型としては独立させていない。

　議会選挙が小選挙区制で実施されており，かつ議院内閣制を採用している場合には，有権者は1回の議会選挙で政治権力の担い手（政府の運営と政策決定に当たる与党と内閣）を一気に選任することになる。次回の議会選挙までチェックは効きにくく，政治家の裁量余地は大きくなるが，説明責任を問われる事態に陥った場合には，政権交代によって権力のすべてを失うことがありうる。その対極にあるのが，議会選挙が比例代表制で実施されており，かつ大統領制を採用している場合である。有権者は議会選挙と大統領選挙の双方で投票を行うので，議会多数派と大統領が異なる政党になる場合も珍しくない。両者の間には強い抑制均衡関係が作用する。有権者のチェックの機会も多く，政治家の裁量余地は小さいが，有権者の意思に一貫性があるとは限らないので，政策決定が行き詰まりやすい仕組みでもある。

表3-1　代議制民主主義の類型

		議会選挙において当選に必要な得票率の高低	
		当選に必要な得票率が低い（選挙制度の比例性が高い）	当選に必要な得票率が高い（選挙制度の比例性が低い）
執政制度における権力の融合か分立か	権力融合	コンセンサス型議院内閣制（連立政権や少数派尊重の議会運営，政策決定に時間）	多数決型議院内閣制（単独政権の下で多数派主導の迅速な政策決定）
	権力分立（権力分散）	ラテンアメリカ型大統領制（少数派の拒否権多く，政策決定に時間がかかる）	アメリカ型大統領制（議会と大統領が協調すると迅速な政策決定）

（筆者作成）

2. 選挙制度と戦略的行動

(1) デュヴェルジェの法則とその発展

　選挙制度の特徴を規定する最も重要な要素は，議席決定方法と選挙区定数である。以前から，1950年代にフランスの憲法学者・政治学者であったモリス・デュヴェルジェが提唱した「小選挙区制は二大政党制を，比例代表制は多党制を生み出す」という理解，すなわちデュヴェルジェの法則がよく知られてきた（Maurice Duverger, *Political Parties*, English translation by Barbara and Robert North, University Paperbacks, 1964 [1951]）。この理解は，議席決定方法の帰結を最も明快に定式化したもので，選挙制度が政治に与える典型的な効果として，今日なお言及されることが多い。

　しかし，現在の比較政治学においては，デュヴェルジェの法則を出発点としながらも，それを拡張して，より広範囲に適用できる概念や指標

が使われる。

　このことについては，多数代表制における選挙区定数の意味を考えて
みるとよいだろう。選挙区定数の違いは，当選に必要な得票率の違いに
直結する。定数1の小選挙区制の場合，当選に必要な得票率はおおむね
50％だが，選挙区定数が増加するほどそのラインは低下し，定数4の
中選挙区制だと20％に，定数19の大選挙区制だと5％になる。当選ラ
インの得票率が50％と5％の場合を比べると，有権者の投票行動や候
補者の選挙運動や日常活動のあり方は大きく異なる。一般に，当選ライ
ンが高いほどマイナーな考え方や関心を持った政治家は当選しにくくな
り，候補者は大多数の有権者が関心を持つ争点を中心に，総花的な主張
を行おうとする傾向が強まる。

　見方を変えれば，選挙区定数が大きくなり当選ラインが下がってくる
と，少数派からも代表が得られるという点については比例代表制と近似
する効果が生じる。今日，比例代表制を採用する場合には議会での小党
分立を避けるために，「最低得票率」と呼ばれる，当選者を出すために
必要な得票率の最低ラインが設定されることが多い。最低得票率は5％
や8％が珍しくなく，定数15程度の大選挙区制における当選ラインと
ほぼ変わらないか，場合によってはそれ以上の数字となる。また，比例
代表制であっても日本の衆議院のように地域ごとのブロックを選挙区と
して設定している場合には，1つの選挙区に配分される議席数は小さく
なるので，やはり当選ラインは上昇する。

（2）選挙制度の比例性

　このように，多数代表制と比例代表制の違いは一見したところ大き
く，また実際にも政党が果たす役割など重要な違いはあるが，有権者の
中の少数派をどの程度代表できるかについての差異は相対的なのであ

る。そこで，近年の比較政治学では選挙制度の「比例性」という概念を用いることが多くなっている。比例性とは，有権者の投票がどの程度まで忠実に議席に変換されるかについて，政党ごとの得票率と議席占有率の差から測定しようとするもので，その差が小さいほど比例性の高い選挙制度であると見なされる。一般的に，比例代表制や定数の大きな大選挙区制は比例性が高く，小選挙区制は比例性が低い。この測定方法は，アイルランドの政治学者マイケル・ギャラガーにより提唱された（Michael Gallagher, "Proportionality, Disproportionality and Electoral Systems," *Electoral Studies* 10：33-51, 1991）。

　選挙制度の比例性が政党間競争に影響を与えるのは，比例性が異なると，アクター（有権者，候補者，政党）の行動に変化が生じるからである。デュヴェルジェは，彼が提唱した法則が成立する理由として，「機械的効果」と「心理的効果」の2つを指摘していた（Duverger, *Political Parties*）。機械的効果とは，小選挙区制においては落選者に投じられる票（死票）が多いため二大政党の候補者しか生き残る可能性がないが，比例代表制の場合には死票がわずかしかないため小政党も当選者を出せることを指す。心理的効果とは，このような機械的効果を認識したアクターが行動を変えることで生じる帰結を指す。具体的には，小選挙区制では死票が多いと認識した有権者は当選可能性が乏しい第三党以下の候補者には投票しないこと，有権者がそのような行動をとると予測した候補者は立候補を取りやめ，政党は候補者擁立を断念することなどが含まれる。

　選挙区定数は，比例性の違いだけではなく，各選挙区に出馬する候補者の数にも影響を与える。小選挙区制をはじめとして，定数が少ない多数代表制の場合には，当選ラインが上がるために立候補者数も少なくなる傾向がある。有権者の3％とか5％程度しか重視しない争点について

強い主張を持つ候補者は，より多くの有権者が重視する争点で評価される候補者に勝てないことが分かりきっているので，立候補しなくなるからである。仮に立候補したとしても，有権者の大多数は当選可能性のない候補と見なしてしまい，主張に共感したとしても投票しないことが十分起こりうる。

このような傾向に注目して，かつて日本の衆議院選挙で採用されていた中選挙区制を主たるデータソースの1つとして，アメリカの政治学者ゲイリー・コックスにより定式化されたのが「M+1ルール」である（Gary W. Cox, *Making Votes Count*, Cambridge University Press, 1997）。多数代表制の場合，各選挙区の候補者数は選挙区定数Mに対してM+1人になるというもので，たとえば定数4の中選挙区制であれば候補者数は4+1=5人である。デュヴェルジェの法則において小選挙区制は二大政党制を生み出すとされたのは，M=1の場合にM+1=2であり，すなわち各選挙区での候補者数が2人であることによる。そして，全国のほぼすべての選挙区で同じ政党が競争している場合には，2人の候補者を擁立する政党はどの選挙区でも同じ2つの政党ということになり，二大政党制が成立するのである。定数Mが大きくなるほど候補者数が増え，全国的には政党の数も増えると考えられる。ただし，M+1ルールは選挙区ごとの競争について説明するもので，全国の政党数まで推測するには，選挙区ごとの競争が同じ政党同士で行われているなど他の条件を考慮する必要がある。

（3）戦略的行動とその帰結

今日では，心理的効果によるアクターの行動変化は「戦略的行動」としてまとめられる。戦略的（strategic）とは経済学など政治学の隣接分野で広く用いられる概念で，自分が最も望ましいと思っている行動より

も，相手の行動や優先順位などを考慮した行動を選択することを意味する。「洗練された（sophisticated）行動」と呼ぶこともある。用語の起源は複数人が関係する意思決定をモデル化したゲーム理論であり，さまざまなアクターが関与する政治過程では頻繁に生じる行動である。

　たとえば，あなたを含む3人で昼食の行き先を決める場面を想定してみよう。1人は蕎麦を，もう1人はカレーを食べたいと言う。あなた（3人目）は，最も食べたいのはハンバーガーである。この場合，3人がめいめいの主張を繰り返したのでは行き先が決まらず，昼休みは終わってしまうが，あなた以外の2人は頑固である。そこであなたは，ハンバーガーの次に食べたいものは何かを考え，あえてカレーに行きたいと言う。そうすれば，カレーが2人，蕎麦が1人となって，行き先が決まる可能性が高まる。他の2人の性格や行動を把握あるいは想定した上で，ハンバーガーではなくカレーだと発言するのが，戦略的な行動なのである。逆に，決まらないことを覚悟でハンバーガーだと主張すること，すなわち自らの望ましさに忠実であることを「誠実な（sincere）行動」という。

　有権者にとって，選挙における戦略的行動とは，相対的に好ましいと思われる候補者の当選可能性を高め，好ましくないと思われる候補者の当選可能性を低下させるように投票することを指す。ここで仮に，小選挙区制の下で有権者Xが候補者A，B，Cという3人から選ぶ場面を考えよう。Xにとって最も望ましい候補者はAで，望ましくない候補はCである。しかし，選挙区全体の情勢から判断する限り，Aが当選する可能性は極めて低い。その主張は過半数の有権者の支持を得るにはマイナーすぎるのである。そこでXは，Aの次に好ましい候補であるBにあえて投票することで，Cの当選を阻止することにした。この行動は功を奏し，当選したのはBであった。これが戦略的行動の典型的な成功

例である。同じ条件の下で，Aがそもそも立候補を取りやめるとすれ
ば，候補者の戦略的行動だということになる。

　政党も戦略的に行動することがある。小選挙区制など比例性の低い選
挙制度の場合，当選する候補者を擁立できるのは，全国的に基盤を持つ
大政党か，その地域などで何らかの圧倒的な強みを持つ政党に限られ
る。そこで，いずれにも該当しない小政党は候補者を擁立せず，自らの
立場に相対的に近い大政党の候補者が当選する可能性を高めることがあ
る。これを相手方の政党との協議の上で行えば選挙協力という形にな
る。逆に，現在の衆議院選挙で採用されている小選挙区比例代表並立制
のように，小選挙区制と比例代表制が組み合わされた選挙制度の場合に
は，比例代表での得票を伸ばすために小選挙区にも候補を擁立するとい
う選択がなされる場合があり，それが政策上の立場の近い政党の候補者
が獲得する票を減らして落選につながることもある。このような現象を
汚染効果（あるいは連動効果）という。

3. 政治過程の特徴と類型区分

（1）選挙制度と政党政治

　選挙制度の比例性の違いは，アクターの戦略的行動を通じて，政治過
程にも異なった特徴を生み出すことになる。その際に大きな意味を持つ
のが政党である。政党については第5章で詳しく取り上げるので，ここ
では今日一般的にイメージされる政党，すなわち理念や政策に基づいた
一定のまとまりを持ち，その実現のために政治家を含む構成員が活動す
る組織を想定してもらえば十分である。

　政治過程の違いが生じる具体的な理由は，1つには政治過程に加わる
政党の数や勢力関係が，選挙制度の比例性によって異なるためである。
もう1つには，それぞれの政党が内部でまとまる程度にも，選挙制度が

影響を与えるためである。両者について，少し立ち入って説明しておこう。

政党の数や勢力関係を政党システムと呼ぶが，それと選挙制度の関係については，デュヴェルジェ以来の豊富な研究蓄積があり，とくに近年では多くの重要な成果が出されてきた。それらが共通して明らかにしているのは，政党の数については比例性が低い選挙制度において減少し，比例性が高い選挙制度において増加すること，勢力関係については比例性が高い選挙制度の下では変化しにくいことである。比例性が低い選挙制度において勢力関係が変化しやすいかどうかは，議席を獲得している政党が持つ支持基盤の安定性に影響されやすいため，一概に言うことはできない。通常，政党の支持基盤は民主主義体制が長く続くほど安定する傾向にあり，そのような場合には比例性が低い選挙制度でも勢力関係の変化の幅は小さくなるが，比例性が高い場合よりも変化しやすいとはいえる。

これらの知見から，政治過程には次のような特徴が生じると考えられる。

まず，比例性が低い選挙制度の下では，二大政党など少数の政党が競争を繰り広げ，その勢力関係の変動幅はやや大きく，議会多数党がときどき入れ替わる政治過程となる。議院内閣制であれば，多くの場合に単一の与党からなる政権（単独政権）が構成され，かつ政権交代がときどき起こることを意味する。議会においては，議席を持つ政党は相互に対決姿勢をとり，重要法案の賛否は異なる場合が珍しくない。しかし，多数党の支持する法案が通るのが原則であるため，議会での審議は法案の行く末に影響を与えることは稀で，形骸化しやすい。小政党や無所属候補の当選可能性が低いことから，所属政党の方針に反した行動をとる政治家は，党を追われると次回選挙での落選の可能性が高まる。そのた

め，政治家は自重して党の方針に従う傾向が強く，各政党のまとまりは高い水準にある。

　比例性の高い選挙制度の場合には，多くの政党が選挙に参加して議席を獲得する。成熟した民主主義体制の場合，有権者の政党支持は相対的に安定しているので，政党間の勢力関係の変動幅は小さい。議会多数党の入れ替わりは珍しく，議院内閣制の場合には政権交代もそれほど起こらないか，起こったとしても連立与党を構成する複数の政党の一部が入れ替わるだけということが多い。議会では，政党間の交渉や協力が常に行われており，その組み合わせは多様である。重要法案であっても，多くの政党の賛成を得なければ議会内多数派が構成できないため，提出後の審議を通じて修正が加えられることも一般的である。それぞれの政党のまとまりは緩やかで，党の方針に反した行動をとったり，その結果として離党する議員も稀ではない。小政党の候補者であっても十分に当選できるからである。

（2）レイプハルトの民主主義類型論

　このような政治過程の違いに注目しながら，選挙制度以外の要因も考慮に入れつつ代議制民主主義の類型化を行ったのが，オランダ出身の政治学者アレンド・レイプハルトである。彼は，ヨーロッパの小国における政治過程の分析を通じて，代議制民主主義をめぐる議論ではもっぱらイギリスをモデルにする傾向があったことに違和感を覚えるようになった。第二次世界大戦後，イギリス以外のヨーロッパ諸国でも，民主主義は十分安定的に機能していることが分かってきたからである。そこで，各国の政治制度に関する基礎的な情報とその動態についてのデータを集め，1980年代以降，何度かのヴァージョンアップを繰り返しながら，民主主義体制の類型化を行ってきた。その集大成に当たるのが*Patterns* *of Democracy*（民主主義の諸パターン）という著作で，現在の版では36ヶ国を対象としている（『民主主義対民主主義』粕谷祐子・菊池啓一訳，勁草書房）。

　レイプハルトの民主主義類型は，多数決型とコンセンサス型から構成される。多数決型は多数主義型などとも訳され，その代表例はイギリスである。コンセンサス型は合意型と呼ばれることもあり，その代表例はオランダやベルギーだとされる。

　民主主義類型を構成する具体的な要素としては，次の10点が挙げられている。①単独政権か連立政権か，②執政長官への権力集中か議会との均衡関係か，③二大政党制か多党制か，④多数代表制か比例代表制か，⑤集団間の自由競争中心の多元主義的利益媒介システムか，集団間の妥協と協調中心のコーポラティズム的利益媒介システムか，⑥単一主権国家か連邦制か，⑦一院制か二院制か，⑧改正手続きが通常の法律と同じ軟性憲法か，異なる硬性憲法か，⑨裁判所が違憲立法審査権を持つか持たないか，⑩中央銀行が政府から独立しているか依存しているか，である。これらのうち，前半の5つは政府・政党次元と呼ばれ，中央政府内部の権力の所在についての諸要素である。後半の5つは連邦制次元とされ，中央政府と外部の諸機関（地方政府，裁判所，中央銀行など）の関係についての諸要素である。

（3）残された課題

　民主主義類型を構成する10要素を並べてみると，それぞれが民主主義体制の特徴を作り出す上で重要であることは間違いないにしても，因果関係という点では明快でないことに気がつく。つまり，要素の間に実質的な重複が存在しているのである。

　たとえば，①単独政権か連立政権かという要素と，③二大政党制か多

党制かという要素，さらに④多数代表制か比例代表制かという要素は，ほぼ重なり合っている。選挙制度が比例代表制でありながら議会では二大政党が議席をほぼ占有するとか，与党を単一の政党が構成する単独政権であるとかいったケースは稀にしか生じない。有権者や政党の行動を考慮に入れれば，選挙制度の比例性が高まれば多党制になり，連立政権になるのは極めて合理的だからである。このような重複を取り除いて考えると，結局のところ前半の5要素は「選挙制度の比例性が高いか低いか」という点にほぼ集約可能だといえる。後半の5要素はそれぞれ独立性が強く連動しているとは言い難いが，それらが民主主義類型となぜ，どのように関連するのかは曖昧なままである。

　もう1つの無視できない問題は，10要素の多くが議院内閣制を想定して挙げられていることである。レイプハルトが対象とする36ヶ国には，韓国やウルグアイなどの大統領制諸国が含まれている。しかし，主として大統領制であることを識別する「②執政長官への権力集中か，議会との均衡関係か」という要素は，議院内閣制のみに適用される「①単独政権か連立政権か」という要素とは関係がよくない。大統領制と議院内閣制では連立の意味が異なるからである。対象国の一部については適用する意味が異なる要素を導入することは，それらから導かれる測定指標の信頼性を損ねることになりかねず，妥当とはいえない。

　このような問題が生じるのは，レイプハルトが行っているのが，どちらかといえば分類に近いことによる。10の要素を挙げつつも，それらがどのような因果連関によって民主主義類型を作り出すのかについては，必ずしも十分な関心や検証がなされているわけではないのである。したがって，多数決型とコンセンサス型という代議制民主主義の類型そのものは便利だが，それがなぜ生み出されるのかについてはより丁寧に考える必要がある。

参考文献

川人貞史・吉野孝・平野浩・加藤淳子『現代の政党と選挙［新版］』有斐閣，2011 年。

砂原庸介『民主主義の条件』東洋経済新報社，2015 年。

建林正彦・曽我謙悟・待鳥聡史『比較政治制度論』有斐閣，2008 年。

前田健太郎『女性のいない民主主義』岩波新書，2019 年。

待鳥聡史『民主主義にとって政党とは何か』ミネルヴァ書房，2018 年。

レイプハルト，アレンド（粕谷祐子・菊池啓一訳）『民主主義対民主主義［原著第 2 版］』勁草書房，2014 年。

4 | 権力の分立と融合

待鳥聡史

《**学習のポイント**》　本章では，もう1つの基幹的政治制度である執政制度に注目して，その基本的な類型である議院内閣制・大統領制・半大統領制のそれぞれについて，アクターにいかなる誘因を与え，政治過程にいかなる特徴をもたらす仕組みなのかを述べる。

《**キーワード**》　議院内閣制，大統領制，半大統領制

1. 議院内閣制——権力の融合

（1）執政制度の多様性

　代議制民主主義は基本原理を共有しつつも，実際の政治制度としては豊富なヴァリエーションが存在する。それを生み出すのが，基幹的政治制度としての選挙制度と執政制度の多様性である。第3章では，選挙制度によるヴァリエーションを扱った。もう1つの基幹的政治制度である執政制度は，代議制民主主義のあり方や多様性に対して，どのような効果をもたらすのであろうか。

　既に述べたことではあるが，改めて確認しておけば，執政制度には議院内閣制・大統領制・半大統領制という3つの類型が存在する（**図3-1**も参照）。

　議院内閣制は単線的な委任と責任の連鎖関係を最大の特徴としており，有権者が選挙で作り出す議会（下院）多数派が与党となって内閣を構成し，内閣が政策の立案と実施を官僚に担わせるのが基本構造であ

る。大統領制における委任と責任の連鎖は複線的で，有権者は大統領選挙と議会選挙を別個に行い，大統領が中心となって構成される政権は議会多数派とは無関係に存在する。官僚への委任は政権側が主に行うが，議会が関与することも珍しくない。半大統領制は議院内閣制と大統領制のハイブリッド的な性質を持つ。すなわち，政府が担う業務を内政と外交などに分割した上で，一部の業務は議会多数派が作る内閣が，別の一部の業務は有権者が直接選出する大統領が所轄し，それぞれの下に官僚がいる。立法部門である議会と行政部門を担う政権との関係に注目すれば，議院内閣制は両者の融合（権力融合）を，大統領制は両者の分立（権力分立）を，半大統領制は両者の分業と協調（権力分有）を，それぞれの基本的な特徴とする。

　以上の３つの類型が存在するだけで，執政制度は既に十分に多様だといえるが，実際にはそれぞれの類型の内部にも著しい差異がある。その一方で，近年では類型相互間の違いをあまり強調しすぎない方が良いという議論もなされるようになっている。これらのことを念頭に置きながら，各類型の内実について見ていくことにしよう。

（2）議院内閣制のウェストミンスター型と大陸型

　まず議院内閣制は，ウェストミンスター型と大陸型に分けられる。この分類は政治学者の大山礼子が提唱したもので，ウェストミンスター型はイギリスで発展してきた議院内閣制の特徴を，大陸型はドイツ，イタリアなどの大陸ヨーロッパ諸国に見られる特徴を，それぞれモデル化したものである（『比較議会政治論』岩波書店）。大山が大陸型の重要例と見なすフランスは今日，議院内閣制ではなく半大統領制を採用している。しかし，第四共和政までは議院内閣制であり，現在も議会と首相・内閣の間の関係は議院内閣制とほぼ同じであることから，大陸型の例と

考えることが可能である。また，大陸ヨーロッパ諸国をはじめとして大統領が置かれている場合もあるが，その多くはかつての立憲君主の代わりに儀礼的な国家元首を務めているに過ぎない。このような大統領を儀礼的大統領と呼び，その有無に関わりなく議院内閣制に分類する。

　議会多数派が与党となって首相を選任し，内閣を支えるという点で両者は共通しているが，最大の違いは立法過程に求められる。立法過程とは，議会外で行われる法案の準備と提出，議会内で行われる審議と採決の総称である。

　ウェストミンスター型の場合，議会に提出される法案の大部分は内閣において準備され，その段階で与党議員が関与する。この関与の形は国により，また時代により異なるが，与党議員が議会審議とは別のところで法案への賛成を決めているところに最大の特徴がある。そのため，議会における法案審議はもっぱら野党による論点提起，より分かりやすい言い方をすれば，法案内容とそれを提出した政権に対する批判という形になる。内閣と与党は野党からの批判が時間切れになるのを待ち，党議拘束により一致団結して法案を可決するため，大多数の内閣提出法案は無修正で成立する。実質的な立法作業は，官僚が原案を準備し，与党との連携の下で内閣提出法案に仕上げるまでのところで行われる。議会は与野党が政策的な立場の違いを有権者に見せる場なので，本会議が中心となる。

　大陸型議院内閣制であっても，法案の多くを内閣が準備するという点では大きな違いはない。しかし，ウェストミンスター型とは異なり，法案の準備段階での与党議員の関与は小さい。そのため，内閣提出法案として議会の審議が行われる際には，野党議員はもちろん，与党議員からの賛成も確保できるかどうかの保証はない。議会での審議日程などについても内閣は口出しできないため，提出後の法案は議会での政党間交渉

に委ねられる面が大きい。与党議員も議会で法案修正を行うことが珍しくなく，議会審議は法案の修正や成否をめぐって活発に展開される。その主舞台は本会議ではなくさまざまな委員会である。このような立法過程の特徴は，裏返せば与党が内閣を支える程度がウェストミンスター型ほど強固ではないことを意味しており，権力融合的な性質が相対的に弱まった議院内閣制だと考えることもできるだろう。

　同じ議院内閣制でありながら，ウェストミンスター型と大陸型には立法過程に顕著な違いがあり，それは最も端的には議会の役割に現れている。ウェストミンスター型の場合には，議会は与野党の相違を有権者に示すことが主たる役割で，このような議会をアリーナ型議会と呼ぶことがある。大陸型の場合には，議会は法案の修正を行って実質的な立法の一部を担うことが主たる役割となる。社会に存在する政策ニーズを法律の形にするという意味で，変換型議会と呼ばれる。

　もう1つの大きな違いは，内閣と与党の関係，およびそれと連動した政党間関係に求められる。ウェストミンスター型議院内閣制の場合には，議会多数派である与党と内閣は一体化しており，権力融合的な性質が明確である一方で，与党と野党の間には対立関係がある。もちろん実際には与野党の双方が賛成して成立する法案が多いが，重要な政策課題をめぐる与野党対決はウェストミンスター型の重要な特徴である。これに対して，大陸型の場合には与党と内閣の一体性が相対的に乏しく，むしろ行政部門を担う内閣と立法部門を担う議会の間に分断線が存在し，議会内では政党間の協議や協調が広く見られる。大統領制に比べればはるかに権力融合的だが，ウェストミンスター型より権力分立的であることが，大陸型議院内閣制の特徴である。

（3）選挙制度の影響

　ただし，このような差異が選挙制度の影響を強く受けていることには注意が必要である。別の言い方をすれば，ウェストミンスター型か大陸型かという違いが生じるのは，執政制度そのものの帰結というよりも，選挙制度が政党のあり方を経由して議院内閣制の特徴を規定していると考えるべきなのである。

　選挙制度の比例性は政党システム（政党の数と勢力関係）に対して直接的な影響を与える。詳しくは第5章で述べるが，小選挙区制のように比例性の低い選挙制度は二大政党制を，大選挙区制や比例代表制のように比例性の高い選挙制度は多党制を生み出しやすい。二大政党制は与党が単一の政党で構成される単独政権を，多党制は複数の政党が与党を構成する連立政権につながることが多い。単独政権に比べて連立政権の方が与党内調整は複雑になり，内閣と与党の一体性を確保することも難しくなる。また，連立政権が一般的である場合には，政権交代による与野党の入れ替わりは部分的で，それまで与党であった政党がすべて野党になるとは限らない。そうだとすれば，与野党の違いは相対的になり，多数派形成がやや流動的であることを前提に，政党間の交渉や協力が進められることになりやすい。

　当然ながら，二大政党制と単独政権はウェストミンスター型議院内閣制と，多党制と連立政権は大陸型議院内閣制と，それぞれ親和的である。単独政権か連立政権かという違いが，議院内閣制のヴァリエーションを考える上では最も重要だという見解も，比較政治学者の間では珍しくない。

　選挙制度の影響は，政党組織（各政党が内部に持つ組織としての特徴）の集権性にも及ぶ。有権者がもっぱら政党を選択基準とした投票を行う小選挙区制や比例代表制の場合には，候補者を選択基準とした投票

を行う余地が大きい大選挙区制よりも，政党組織は集権的となる。さらに，党内で不満を持つ政治家が離党して小政党を作ったり，無所属で次回選挙に臨むことが困難であるほど，集権的な組織になる。比例代表制と小選挙区制を比べると，この点で小選挙区制の方が集権的になりやすいのである。集権的な政党組織であるほど，与党になった場合の法案準備への事前関与に際して，個々の与党議員の発言力は小さくなる。政党としてのまとまりの確保が，幹部からのトップダウンの指示によるからである。

　結果的に，小選挙区制における法案準備とは，内閣と官僚が作った法案を与党議員に提示する機会に過ぎなくなる。比例代表制の場合には逆であり，与党議員に発言機会を十分に与えない限り，内閣提出法案は事前準備段階か議会段階で否決される恐れが強まる。大陸型議院内閣制と変換型議会の結びつきには，このような背景が存在するのである。

（4）与党・内閣・官僚の関係

　内閣による法案準備段階での与党の関与が大きいほど，与党議員と官僚との関係は密接になる。議会への提出前に法案内容を固めるウェストミンスター型の方が，議会での修正余地の大きい大陸型よりも，与党議員と官僚の関わりは深くなると考えられる。

　このような関わりが広範囲かつ密接であるほど，官僚は日常業務において首相や自省の大臣のみならず，所轄政策分野に関心を持つ与党政治家の立場や行動を意識せねばならなくなる。それは，一方において官僚の自律性を低下させるが，他方では誰が官僚との間での委任責任関係を構築しているのかを曖昧にもする。官僚の側から見たときには，与党議員の一部と結びつくことによって首相や大臣に対抗する余地が生まれることも意味する。与党議員と官僚の関係が最も強まり，両者の間に癒着

などが生まれやすくなるのは，恐らく与党のまとまりを法案提出前に確保するが，それがトップダウンでは生み出せない場合であろう。後の第12章で述べることになるが，55年体制下の日本政治は，明らかにこのような特徴を帯びていた。

　ただし，最も典型的なウェストミンスター型議院内閣制，すなわち小選挙区制と二大政党制の下で単独政権が構成され，与党内の一体性がトップダウンによって確保される場合には，内閣を構成しない与党議員（閣僚だけではなく，副大臣や政務官などにもなっていない議員）は内閣が準備した法案を提示されるだけという立場に置かれるため，官僚との接触の機会や必要性は乏しくなる。イギリスにおける政官接触の限定は広く知られているが，そもそも接触する意味も小さいのである。

　政党組織のあり方から，与党が一体となって政権を支えるという議院内閣制の基本的な特徴を考えていくと，首相による議会（下院）解散が持つ意味も明らかになる。従来，解散は首相あるいは内閣による議会への牽制手段とされ，行政部門と立法部門の抑制均衡関係の一部を構成すると考えられてきた。しかしこのような理解は，野党が首相に対して解散を要求するといった現実政治の姿と整合性を欠いているだけではなく，何よりも議院内閣制を権力分立的に把握するという誤りを犯している。

　首相による解散権行使とは，実際には与党内部におけるまとまりの確保の方策の1つと考えるべきである。本来，与党と内閣が一体化している議院内閣制の場合，両者の不一致が顕在化することはない。だが実際には，すべての政策課題について与党がまとまりをあらかじめ確保していると想定するのは不自然であり，先に述べてきた法案準備への事前関与や議会での法案修正は，与党議員が内閣と政策上の立場を一致させる手段として機能している。何らかの例外的な理由により，そのような平

時の対応ができずに内閣と与党議員の不一致が生じた場合，あるいは近い将来に生じることが予想される場合に，首相は解散によって不一致を解消しようと試みる。ただし，それは当然ながら有権者の評価次第で，野党に政権が移るというリスクも抱える。また，不一致は解消されたが，それは首相の政策的立場とは異なるという別のリスクもある。首相は，これら２つのリスクが高ければ高いほど解散を躊躇する。野党は，与党と内閣の不一致が生じているのだから解散により政権を放棄せよと，首相に迫っているのである。

2. 大統領制──権力の分立

（1）大統領制の多様性

　大統領制のヴァリエーションは，議院内閣制以上に豊富である。その大きな理由の１つは，アメリカを発祥とする大統領制が新興民主主義国に広がり，その多くが政情不安のために体制崩壊などを繰り返して，何回も統治のルールを定め直したことに求められる。その過程で，大統領が持つ平時や非常時の権限，議会など他の部門との関係にさまざまな事例が生じたのである。もう１つの理由は，大統領制が権力分立を基本的な考え方としているところにある。大統領と議会が別個に公選され，それぞれに権限が配分される仕組みであるために，両者の関係に著しい多様性が生まれることになった。議会における立法過程に大統領がどの程度まで関与できるか，関与する場合にはいかなる手段によってか，大統領の関与を議会が拒絶する場合に大統領が行使できる追加的な手段があるかなど，細かい差異を生み出す要因は数え切れないほどあり，どこにも同じ大統領制はないとすらいえる。

　しかし，個別具体的な違いにこだわるのではなく，基本的な特徴に注目することで，今日の比較政治学はおおむね２つの観点から大統領制を

細分化するのが一般的になっている。2つの観点とは，大統領が政権党のトップリーダーとして有する権力（党派的権力）と，執政長官として有する制度的権限（法的権限）であり，これらがそれぞれどの程度かによってヴァリエーションが整理できる。

この考え方を提唱したのは，アメリカの政治学者であるスコット・メインワリングとマシュー・シュガートである。彼らは，ラテンアメリカ諸国の大統領制における政治の動態と憲法の規定を検討する作業を通じて，大統領が持つ党派的権力と法的権限の間にはトレードオフの関係が存在することを見出した。すなわち，党派的権力が大きい大統領は法的権限が乏しく，逆に法的権限が強力な大統領は党派的権力を十分に持たないのである（Scott Mainwaring and Matthew Soberg Shugart, *Presidentialism and Democracy in Latin America*, Cambridge University Press, 1997)。

大統領制の場合，政策過程において最も重要な局面は，議会における多数派形成だと考えられる。大統領と議会が別個に公選され，権限もそれぞれに分配されているため，議会多数派が大統領の意向を尊重するとは限らず，一体となって行動するとも限らない。大統領から見れば，議員にいかなる誘因を与えることで大統領と同じ行動をとってくれる多数派を形成するかが，望む政策を実現していくための鍵となる。そこで重要になるのが党派的権力と法的権限である。具体的には，大統領が政権党リーダーとしての立場を活用して，議会選挙における公認候補の決定や政治資金配分などに中心的役割を果たすのであれば，政権党の議員たちは大統領の意向に従う可能性が高まる。また，大統領が法案や予算の提案権，拒否権，議会の立法を経ずに政策を実現できる行政命令権などの法的権限を有している場合には，議会多数派の形成を実質的に迂回して，大統領の望む政策決定がなされることになる。

　党派的権力に依存した大統領制の場合，議会内での多数派形成は政党が中心となって進められることになり，政権党が議院内閣制における与党，非政権党が野党と同じような位置づけとなる。立法過程は与野党対立的になり，政権党の一体性は期待できるが，大統領選挙と議会選挙が別個に行われている以上は，政権党が議会少数派になる可能性は常にある。大統領制の下で政権党が議会少数派である状態を「分割政府」と呼ぶが，分割政府になると党派的権力を駆使した政策決定は著しく困難になる。場合によっては，政策合意や利益誘導などを通じて事実上の連立政権が構成されることもある。だが，連立政権は参加する政党のそれぞれが拒否権を持つことを意味しており，実現できる政策の範囲が大統領の公約よりも小さくなるため，大統領とその所属政党にとってのリスクも小さくない。結局のところ，党派的権力が支える大統領制の安定は，議会に政権党多数の状態をどれだけ作り出せるかにかかっている。

（2）議会の選挙制度との関係

　ここでもやはり重要になるのが，議会の選挙制度である。
　議会が比例性の低い選挙制度を採用している場合には，大統領選挙が全国で1人だけの当選者を出す独任ポストの公選であることと相まって，二大政党制が成立する可能性が高い。そこでは，議院内閣制の場合ほどではないにしても，二大政党内部はトップダウンによりまとまりやすいため，党派的権力を使った多数派形成は容易である。これに対して，比例性の高い選挙制度が用いられている場合には，議会に多党制が成立しており，そのうちの上位二党が大統領候補を抱える状況になりやすい。各政党の内部がまとまりづらいことが予想されるので，望まない政策を受け入れる可能性は乏しい。このような仕組み，すなわち大統領制と比例性の高い選挙制度の組み合わせにおいては，議会における多数

派形成は困難を極める。大統領の法的権限が十分ではない場合，政策決定に著しい時間やコストを要することになり，有権者の不満は高まりやすい。

　法的権限が重要な手段である大統領制は，議会における政権党の勢力に左右されにくいという特徴を持つ。それは，議会の選挙制度の影響を受けにくいことも意味している。予算が政権側からのみ提案できるようになっていたり，法案の大多数が政権側から提案されるような場合には，議会での審議はしばしば低調であり，政権から出された提案を無修正で受け入れるという例も多い。仮に修正がなされたとしても，大統領はそれを全面的あるいは部分的に拒否する権限を使って議会に差し戻すことができるし，それでも議会が大統領の意向に従わないのであれば，大統領令などを使って議会を経ない政策決定を行うこともできる。

　もちろん，これらの権限は常にすべてが大統領に与えられているわけではなく，実際には法的権限のヴァリエーションは極めて大きい。そのため，議会での多数派形成を無視し，法的権限のみによって政策を実現していくことは容易ではない。また，大統領令による政策決定などが典型だが，公選された議会多数派の意向に反した政治権力の行使は，民主主義的な正統性に強い疑問が残る。それは司法部門の介入にもつながるほか，中長期的には政治体制そのものを危機に陥れる恐れもある。

（3）大統領制は不安定なのか

　かつて大統領制が議院内閣制に比べて安定性を欠くとされた大きな理由は，大統領制を採用する諸国の民主主義体制がしばしばクーデタや反政府運動などにより崩壊した，という事実に基づいていた。シュガートらの精力的で丁寧な比較研究の結果，今日ではこのような見解はほぼ支持されていない。しかし，それは議院内閣制諸国の安定性が政治制度以

外の要因，すなわちヨーロッパ諸国の社会経済的豊かさや旧イギリス植民地諸国の官僚制の優秀さと「法の支配」の貫徹などによると判明したことによるもので，大統領制諸国の多くが政変を経験してきたという事実が間違いだとされたわけではない。

そして，これらの政変の多くは，議会での多数派形成の難しさに起因する政策決定の著しい停滞が有権者の抵抗運動を生み出したことや，大統領による法的権限の濫用が独裁あるいはそれに対抗する勢力のクーデタにつながったことによって生じたものであった。大統領制の根幹にある権力分立は，有権者の多数派が望む政策の実現という民主主義の基本理念と緊張関係にあり，両者のバランスが崩れることは決して稀ではないのである。

アメリカは大統領制の発祥国であり，不安定な印象が大統領制につきまとっていた時代にあっても，例外的に安定し成功したと見なされてきた。ここまで述べてきた2つの観点に照らせば，アメリカの大統領は党派的権力と法的権限の両方において必ずしも強力ではない。これは，もともと大統領制が導入された理由が，宗主国であったイギリスの伝統を引き継いで議会が強力である政治構造を前提に，君主に代わって議会を抑制する存在が必要であるという認識によるためである。アメリカの場合，議会選挙は小選挙区制で比例性が低いので，党派的権力を用いた大統領の影響力行使の余地が大きいはずだが，歴史的事情などにより議会が地域代表としての性格を強く持っているために，政権党議員であっても大統領の意向に従わない場合が多かったのである。しかし，このことは議会内における多数派形成の流動性を生み出すことにもつながり，さまざまな取引や仕組みを駆使したアドホックな多数派形成が，アメリカの立法過程を特徴づけてきた。それゆえに大統領は党派的権力と法的権限の双方が乏しくとも，自らの政策を実現できてきた面があった。近

年，二大政党内部の理念によるまとまり（凝集性）が高まり，議会での一体性も高まるとともに，分割政府であるかどうかによって大統領の影響力行使の範囲が極端に異なるようになり，アメリカの政策過程は不安定化している。

3. 半大統領制──権力の分有

（1）半大統領制の2つの類型

　半大統領制が，議院内閣制と大統領制のハイブリッド的な性格を持つことは既に見たが，このことは当然ながら半大統領制の多様性を著しく強めることにもつながる。たとえば，内政を議会多数派が選任する首相と内閣が，外交を有権者が直接公選する大統領が担う半大統領制を想定すれば，首相と内閣が担う部分において大陸型，大統領が担う部分において法的権限重視という組み合わせなどがありうる。

　より一般化すれば，議院内閣制と大統領制のそれぞれにヴァリエーションが存在する以上，それらを組み合わせて構成される半大統領制の場合には，単純化していえば「（議院内閣制のヴァリエーション）×（大統領制のヴァリエーション）」に相当する区分が生まれることになる。実際に各国で採用されている半大統領制の作動も，それぞれに異なっていると考えられよう。近年では，東ヨーロッパの旧共産圏諸国の多くが民主主義体制に変革する際に半大統領制を採用したことなどにより，半大統領制の実例は増加傾向にある。そのことは半大統領制の多様性をさらに強めている。

　しかし，政治学はここでもまた，議論の焦点を絞り込むことで制度としての特徴をより明確にしようと試みている。具体的には，首相の選任や内閣の存続に議会多数派だけではなく大統領の意向が反映される「大統領─議院内閣制（president-parliamentary）型」と，反映されない

「首相―大統領制（premier-presidential）型」に区分する。

　半大統領制の概念を生み出したのはデュヴェルジェだが，これら２つの区分を最初に提示したのはアメリカの政治学者ジョン・キャリーと先にも言及したシュガートである（Maurice Duverger, "A New Political System Model," *European Journal of Political Research* 8: 165-187, 1980; Matthew Soberg Shugart and John M. Carey, *Presidents and Assemblies*, Cambridge University Press, 1992）。彼らによれば，大統領―議院内閣制型という用語は大統領の優越と内閣の議会依存を示すために，首相―大統領制型という用語は首相の優越と儀礼的でない大統領の存在を示すために，それぞれ用いられるという。内閣の存続に大統領が関与できるかどうかで，首相（内閣）と大統領のいずれが政策過程において主導的役割を果たすかが異なっているという理解である。

　とはいえ，この名称はいかにも分かりづらい。以下の説明では，大統領―議院内閣制型を「大統領優越型」，首相―大統領制型を「内閣優越型」と呼ぶことにしよう。大統領優越型の代表例は，第一次世界大戦後のドイツ（ヴァイマル共和政）であり，これは世界初の半大統領制国家でもあった。内閣優越型の代表例は現在のフランス（第五共和政）である。フランスは大統領の存在感が大きいが，実は首相の選任や内閣の存続をコントロールできず，議会も解散できないため，半大統領制の中では大統領が弱いタイプに含まれる。

（２）内閣優越型の政策過程

　政策過程の特徴としては，内閣優越型の場合には，分業によって首相と内閣が担っている領域では議院内閣制に近似し，大統領が担っている領域では大統領制に近似する。内閣優越型であっても大統領選挙は行われるため，政党システムは二大政党化しやすいが，議会の選挙制度の比

例性が高い場合などには多党制となり，大統領選挙のときには複数の政党が協力して1人の候補を推すこともある。議会と内閣の関係，および議会内での立法過程は，理論的にはウェストミンスター型と大陸型のいずれもありうるが，実際には多党制と組み合わさった大陸型であるのが一般的である。首相と大統領の分業を明確にするため，内閣優越型という基本的な特徴があるものの，大統領が法的権限の行使によって単独で政策決定を行える余地が広く残されることも多い。

　内閣優越型を代表する例であるフランス第五共和政は，基本的にはここに述べた特徴を備えている。すなわち，主に内政面は首相と内閣が，外交面は大統領が担う分業関係があり，首相の選任は議会（下院に当たる国民議会）選挙の結果によるため，大統領の裁量余地はない。コアビタシオンと呼ばれる保革共存政権が生まれるのは，このような制度の帰結である。2002年の憲法改正によって，大統領と議会の任期を同じにしてコアビタシオンが起こりにくくしたのは，内閣と大統領の協調が必ずしも保証されない内閣優越型の弱点を補うという意味があった。選挙制度については，小選挙区二回投票制（絶対多数二回投票制）という，上位候補者による決選投票を含む仕組みを議会下院選挙と大統領選挙で採用している。この制度の下では，初回には小政党を含めて多数の候補者が出馬し，決選投票のときには上位2人の候補の下に多くの政党がグループを組むという経過をたどりやすい。そのため，おおむね2つの政党グループあるいはブロックが構成されるが，そこには多くの小政党が含まれることになる。立法過程は大陸型としての性格が色濃い。

（3）大統領優越型の政策過程

　大統領優越型における政策過程は，半大統領制の本来的な特徴であるはずの分業が曖昧化し，大統領がほぼすべての政策領域に関与する傾向

を強める。首相と内閣は，議会多数派と大統領の双方から信任を確保せ
ねばならず，しかも両者が対立する場合には大統領が議会を解散するこ
とも想定されるので，どちらかといえば大統領の意向を優先させること
になる。これは，名誉革命から19世紀初期までのイギリスに見られた
二元型議院内閣制に近い。イギリスの場合には，君主権限が次第に後退
して議会（下院）多数派のみの信任に依拠する一元型議院内閣制に至っ
た。しかし，今日の大統領優越型半大統領制だと，大統領権限が弱まっ
て議会権限が強まる可能性はほとんどないため，大統領からの信任が優
先されることになるのである。政党システムや議会内過程については内
閣優越型と違わないが，議会の権限が弱いという点で根本的な相違が
ある。

　この傾向が強まり，議会から内閣に対する信任が形骸化すると，実質
的には大統領制に近づく。さらにそれが大統領の個人支配にまで至る
と，選挙権威主義と呼ばれる非民主主義体制に事実上移行することにな
る。ウラジーミル・プーチンが大統領と首相を繰り返し務めながら個人
支配を強めたロシアは，その例である。逆に野心的な首相が出現した場
合には，大統領の存在は制約として認識されうるため，制度や体制を変
革する行動を誘発することになる。ヴァイマル共和政時代のドイツにお
いて，アドルフ・ヒトラーが当初は議会で勢力を拡大し，パウル・フォ
ン・ヒンデンブルク大統領から首相に任用されたにもかかわらず，首相
就任後にはヒンデンブルクを政治的に利用し，その没後には大統領ポス
トそのものを廃して独裁に至った。この経緯は，大統領優越型の半大統
領制が持つ運用の難しさを示す例だといえよう。

　大統領優越型の半大統領制はしばしば不安定化するが，その背景にあ
る要因の１つは，有権者から直接公選される大統領が持つ強い民主的正
統性である。民主主義体制である以上，有権者の意向を反映して選出さ

れた政治家には高い正統性が与えられる。とりわけ，全国を単一の選挙区として，かつ独任ポストとして選出される大統領の場合には，狭小な選挙区や政党が構成した候補者名簿から多数選出される議員や，その議員による投票で選出される首相に比べて，はるかに正統性が高まることは容易に理解できる。このように，民主的正統性に差があるアクターの間で政治権力を分割したり，共有したりすることは容易ではない。有権者から見れば，民主的正統性がより強い，言い換えれば民意をより明確に反映したアクターである大統領に，より大きな政治権力を担ってほしいと考えるのが自然だからである。その意味では，半大統領制に見られる不安定性は，公選の大統領ポストを置きつつ，大統領の権力行使に対する制約が強い場合には，常に生じうると考えることもできよう。

（4）大統領的首相と首相公選制

　民主的正統性という観点から見た場合の大統領の強力さは，議院内閣制における首相が大統領に似た政治スタイルを追求するよう促すことにもつながる。このような首相を「大統領的首相」と呼ぶが，その基本的な特徴として，与党内からの支持よりも有権者からの支持を重視すること，与党議員を広く関与させるのではなく首相周辺の少数による政策決定を行うこと，選挙に際しては政党よりも首相個人のアピールを重視することが挙げられる。しかし，これらはいずれも首相の政治スタイルの話であって，議院内閣制としての委任と責任の連鎖が変化しているわけではないことには注意する必要がある。少なくとも「議院内閣制の大統領制化」といった表現や理解は，やや過大評価と言わざるを得ない。民主的正統性を重視した政権運営として議院内閣制に新しい類型を生み出すのかどうかも，まだ判然としない。

　最後に，半大統領制に近似した仕組みとして，首相公選制についても

ふれておこう。首相公選制は，有権者から直接公選された首相が，議会内多数派からの信任を得て内閣を形成し，政権を運営するものである。執政長官である首相が，大統領のように直接公選されることによって高い民主的正統性を確保すると同時に，議会内多数派に支えられることで政策決定が円滑に進むという，大統領制と議院内閣制の長所を組み合わせることを意図している。1996年にイスラエルが世界で始めて導入し，注目を集めた。

　しかし実際には，その運用は極めて難しい。首相は公選されるに際して有権者にさまざまな公約を行っているが，それが政策として実現できるかどうかは，与党を構成する各政党の意向による。公選首相がいても，議院内閣制としての基本的性格は消えないのである。議会が二大政党制であり，首相が所属する政党のみが与党を構成する単独政権であれば，首相と与党の違いは比較的小さくて済むが，多党制の下で連立政権になる場合には与党により首相が制約される可能性が高い。それは有権者から見れば不満の残りやすい状態である。イスラエルは議会が多党制だったこともあり，公選首相が小政党の意向に左右されがちになり，ごく短期間で制度を廃止するに至った。逆に単独政権が成立する二大政党間の競争があるならば，どちらかの党首が首相になることはほぼ決まっているので，議会選挙は事実上の首相公選として機能する。わざわざ別に首相を公選する理由は乏しい。

参考文献

大山礼子『比較議会政治論』岩波書店，2003年。

粕谷祐子（編著）『アジアにおける大統領の比較政治学』ミネルヴァ書房，2010年。

川人貞史『議院内閣制』東京大学出版会，2015年。

高安健将『議院内閣制──変貌する英国モデル』中公新書，2018年。

待鳥聡史『アメリカ大統領制の現在』NHK ブックス，2016年。

リンス，フアン・バレンズエラ，アルツロ（編）（中道寿一訳）『大統領制民主主義
の失敗』南窓社，2003年。

5 | 要石としての政党政治

待鳥聡史

《学習のポイント》 本章では，代議制民主主義に基づく政治過程において鍵
となる政党に焦点を合わせ，その歴史的来歴を明らかにした上で，理解のた
めの基本的な視点となる政党システムと政党組織について，それぞれの構成
要素と形成要因，帰結を明らかにする。
《キーワード》 近代政党，政党システム，政党組織

1. 代議制民主主義にとっての政党

（1） 政党とはいかなる存在か

委任と責任の連鎖関係からなる代議制民主主義の基本構造において，
政党はどのように位置づけられるのだろうか。

選挙によって政治家を決めること，複数の政治家の間の分業関係を作
り出すこと，あるいは官僚に政策の立案や実施を行わせることを原理的
に考える場合，政党は必要不可欠であるというわけではない。実際に
も，日本やアメリカなど多くの国において，憲法を筆頭とする代議制民
主主義の基本構造を定めるルールの中に，政党は明示的な地位を与えら
れてはいない。政党の存在を必ずしも想定しない代議制民主主義は実在
するのである。日本の場合，憲法が定める結社の自由を侵しかねないと
いう批判があり，政党について明確な定義を行った法律は存在しない。
政党助成法はあるが，そこでいう政党とは，政治資金規正法が定める
「政治団体」のうち特定の要件を満たしたものを，助成金配分の対象に

すると定めるだけである。言い換えれば，助成金配分を受けない政党は存在しても構わないし，現実にも存在している。

　しかし実際には，現代の代議制民主主義は政党の存在を抜きにして考えることはできない。比例代表制のように，政党の存在がすべての前提になる選挙制度も世界的に広く見られる。多数代表制の選挙制度の場合，無所属での立候補は可能だが，選挙区定数が非常に大きくない限り，当選する政治家は少ないか，当選後の議会活動においてはグループ（会派）を構成するのがほとんどである。議会では，審議段階での質問時間の確保や，採決段階での多数派形成が煩雑になりすぎて政策決定が停滞することを避けるため，1人だけで活動する議員は多いとはいえない。無党派を標榜する大統領や知事・市町村長は珍しくないが，自らの政策を議会に受け入れさせるに当たっては，特定の政党や会派と密接な協力関係を形成していることが多い。

　このように，代議制民主主義の原理からは必ずしも存在が想定されていないにもかかわらず，実際には大きな役割を果たしていることが，政党について考えていく上での出発点となる。原理と実際のズレが生じるのは，政党の存在意義そのものに起因する。

　政党は英語では party だが，この単語は登山者のグループを指すときにも使われる。また「部分」を表す単語 part とも密接な関係がある。日本語でも，1日のうちで業務量がとくに多い数時間など限られた時間帯にのみ働く人をパートタイマー（あるいは単にパート）と呼んだり，合唱のソプラノやテナーなど音域を区分してパートと呼んだりする。いずれも「一部」という意味である。部分や一部を指す part と語源を共有する単語である party にも，同じ意味が含まれている。すなわち，社会的な場面で集まった一部の人々からなる集団ということである。

（2）部分利益と公益

　政党が「一部の人々からなる集団」であることは，その存在意義を考える上では決定的な意味を持つ。本書が依拠する委任と責任の連鎖関係についての説明からも分かるように，原理的あるいは抽象的には，有権者の総意として政治家を選任し，政治家は有権者の総意すなわち「全体の利益」や「公益」を踏まえて行動することが，代議制民主主義の想定である。社会の中の部分（part）に過ぎず，部分利益の追求者である政党（party）が，なぜ全体の利益を追求することができるのかという疑問は，政党に対して常に向けられてきた。国家や政府といった公的存在とそこにある資源（財源など）を私物化する政党は害悪であるという批判は，政党の歴史と同じくらい古い。

　部分利益の追求者であることが，むしろ政党を全体の利益に役立つ存在にする，という議論が登場したのは，18世紀のイギリスとアメリカにおいてであった。このような議論を最も明確に提示しているのは，アメリカ建国の父祖の1人であり合衆国憲法制定に大きな役割を果たした，ジェイムズ・マディソンである。彼は後に第4代の大統領となるが，憲法制定に際して，社会の安寧を脅かすのは「多数者の専制」（「多数派の専制」ともいう）であり，それに対抗するためには，多数者の専制を生み出している政治勢力の「党派的野心」と競争する，別の「党派的野心」の存在が不可欠だと説いた（『ザ・フェデラリスト』斎藤眞・中野勝郎訳，岩波文庫）。

　多数者，あるいは多数派の専制とは，社会の多数が好ましいと考える政策などが次々と決まって少数派の意向や権利が蹂躙されることを指し，民主主義の弱点の1つだとされる。多くの人々が支持するからといって，それが公益にかなっているとは限らない。代替案がないと，多数派が間違っていると分かったときに，社会は致命的な打撃を受ける。

全体の利益と多数派の利益は異なっており，むしろさまざまな考え方が継続的に競争することを通じてのみ，公益は実現できる。マディソンは，少数派が多数派に対抗し，競争することこそが重要だと考えたのである。このような考え方を多元主義と呼ぶ。

　多元主義の立場をとれば，民主主義体制の安定のためには，政党の存在がむしろ必要不可欠だということになる。19世紀に入り，ヨーロッパの主要国やアメリカで有権者資格の拡大が図られ，さまざまな人々が政治に参加するようになると，彼らの利害関心を反映させた政党も多様化していった。このような動きは，義務教育の導入などと並んで，フランス革命とナポレオン戦争によって始まった国民国家形成，すなわち同じ領域内に暮らす人々を社会経済的地位にかかわらず同じ「国民」と見なし，国民の存在を基礎として国家を形成することの一部であった。

（3）近代政党の成立

　有権者資格の拡大は，政党のあり方に２つの大きな影響を与えた。

　１つは，政党を構成するメンバー（党員）の範囲が大きく拡大し，運営原理が変化したことである。18世紀や19世紀半ば過ぎまで，政党に加わるのは貴族や富裕層がほとんどであり，彼らが運営資金を拠出するとともに党内役職も担っていた。それは一種のノブレス・オブリージュ（高貴なる者の義務）であった。選挙を経ている場合を含め，議員になって活動することも，その一部という性格を帯びていた。このような政党のあり方を「幹部政党」あるいは「名望家政党」と呼ぶ。

　しかし，有権者資格の拡大は党員の範囲を非富裕層である労働者や小規模農民に広げ，人数的にはむしろ多数派にした。それに伴って，政党の組織規模は大きくなり，恒常化するとともに，必要な資金も増大した。もはやノブレス・オブリージュで賄えるものではなく，多数の党員

から少額の党費を集めて，それを主たる財源とすること，党内役職も一部は専従職員や議員でない党員に委ねること，議員候補者の選定にもできるだけ多くの党員を関与させることなどが，運営の基本型となっていった。このような政党を「大衆政党」あるいは「組織政党」と呼ぶ。大衆政党（組織政党）の出現は，20世紀の政党政治の大きな特徴である。

　もう1つの影響は，政党間競争が行われる際の中心的争点として，経済的利益配分が重視されるようになったことである。幹部政党（名望家政党）が中心であった時代には，政党を結成して政治に参加する人々は資産家であり，政治への関与に自分の財産を持ち出すことはあっても，政府から利益配分を受けることへの関心は希薄であった。しかし，非富裕層はそのような財産を持っていなかった上に，有権者資格の拡大に先だって生じた納税や兵役など国民の義務の増大は，それに見合う利益を政府から与えてほしいという期待を生み出すことになった。さらに，19世紀に各国で進展した産業革命によって，経済活動の規模が拡大するとともに貧富の格差も増大したから，それをどう是正するかが大きな政治課題となった。

　かくして，20世紀に入ると，従来から存在する貴族や富裕層が基盤の政党（右派政党・保守政党，政府による格差是正に消極的）と，新興の非富裕層を基盤とする政党（左派政党・社会民主主義政党，政府による格差是正に積極的）が，経済成長の果実の配分をめぐって対峙する関係が，各国に広く見られることになった。イギリスの保守党対労働党はその典型である。政党の数は国によって異なるが，どこでも右派と左派に分かれて経済的利益配分をめぐる競争があるという点では似通っていた。アメリカの政治学者セイモア・マーティン・リプセットとノルウェーの政治学者スタイン・ロッカンは，このような対立構図がおおむ

ね1920年代に形成され，その後は大きく変化することなく継続しているという見解を，1960年代後半に提示した。対立構図の固定を「凍結」と呼んだことから，この見解は「凍結仮説」と呼ばれた（Seymour Martin Lipset and Stein Rokkan, "Cleavage Structures, Party Systems and Voter Alignments," in Seymour Martin Lipset and Stein Rokkan, eds., *Party Systems and Voter Alignments*, Free Press, 1967）。

（4）「凍結」終焉後の変化

　幹部政党から大衆政党への変化と，政党間競争の構図の凍結は，20世紀後半までの政党政治の基本的特徴を形成した。政権交代がありながら争点は拡散せず，右派が重視する資本主義に基づく市場経済を維持しつつ，左派が力点を置いた公的年金や医療保険に代表される社会保障制度も拡充したことは，その最も重要な成果であった。社会保障制度を拡充させようとする政策を再分配政策といい，実際に拡充が進んだ国家を「福祉国家」という。福祉国家建設と安定した政党政治は，第二次世界大戦後の先進国にとって車の両輪であった。

　しかし1970年代以降になると，これらの特徴は次第に弱まり，失われていった。その理由の1つは，経済成長が鈍化し，政府が再分配政策を進める原資の枯渇に直面したことである。むしろ，社会保障制度の拡充によって増大した政府歳出と，それに伴って上昇した課税水準をいかに抑制するかが焦点になった。もう1つには，有権者が経済的利益配分以外の争点に目を向けるようになったことが指摘できる。経済成長と福祉国家建設によって経済的豊かさが充足された人々は，環境保護や「心の豊かさ」のような，脱物質主義的価値と呼ばれることもある新しい価値を重視するようになった。経済的利益配分をめぐる左右対立を基礎とした政党間競争は意義を弱め，それを構成していた主要政党に対する有

権者の期待も低下した。

　このような変化を受けて，各国には新しいタイプの政党が登場するようになった。争点についてはドイツの「緑の党」のような環境保護政党や，フランスの「国民戦線」のように移民排斥（福祉受給の制限を含む）などを訴える極右政党の台頭が目立つようになった。組織面でも，イタリアのシルヴィオ・ベルルスコーニのように，自らの資金で政党を立ち上げ，ほぼ純粋に自らの政治的栄達の手段とする例や，虚実ないまぜの主張をカリスマ的な魅力に富んだ政治家が訴えて短期間に躍進するポピュリスト政党などが珍しくなくなった。その一方で，従来から存在する政党は，党員数の減少などによって財政などの組織的基盤が弱まり，政府（国庫）からの政党助成金に依存する傾向を強めているとも指摘されている。

2. 政党システム──政党の数と勢力関係

（1）政党システムとは何か

　理論的には多元主義によって，実際には経済的利益配分の成功によって，政党は現代の民主主義体制における高い正統性を確保してきた。近年，その存在意義に対しては再び懐疑の目も向けられるようになっているが，政党を抜きにした代議制民主主義は，構想レヴェルの議論を別にすれば，ほぼ存在しないといってもよい。

　そのことと軌を一にするように，政党に関する政治学の研究蓄積と知見も，20世紀半ば以降，急速に進んだ。今日，政党を分析する際の基本的な視点として，複数の政党間の関係を指す「政党システム」と，1つの政党の内部に存在する運営原理に注目する「政党組織」に分けるのが一般的である。これ以外にも視点は存在するが，各国の異同を超えた説明を行う上で最も簡便なのが，政党システムと政党組織を区別すると

ころから出発して議論することである。

　本節ではまず，政党システムについて述べることにしよう。政党システムとは，最小限の定義としては「政党の数や政党間の勢力関係」である。この定義は，フランスの政治学・憲法学者であるモリス・デュヴェルジェの見解に基づいている。彼の考え方によれば，政党システムには一党制，二党制（二大政党制），多党制かという区別のみがある（Duverger, *Political Parties*）。数については定義上の問題はないが，1つしか政党がない場合（一党制）の位置づけについては少し注意が必要である。本書での議論は自由で公正な選挙が行われる民主主義体制を前提としているので，とくに言及しない限り，独裁を意味する一党制については考えない。勢力関係とは，それぞれの政党が有権者からどれだけの支持を得て，議会にどれだけの議席を確保できているかを指す。

　異なる定義も存在する。イタリア出身の政治学者ジョヴァンニ・サルトーリは，数と勢力関係だけではなく，各政党がイデオロギー的にどれほどの距離があるか，議会運営や政権形成において協力できる関係にあるかについても，政党システムを分類するための基準として考慮すべきだと論じた。その上で世界の政党システムを，一党制，ヘゲモニー政党制，一党優位制，二党制，穏健な多党制，分極化した多党制，原子化した多党制の7つに区分した。ヘゲモニー政党制とは，政権を永続的に確保する大政党と，それに協力することによって存続している小政党からなる政党制で，多くの共産主義諸国が該当する。多党制の細分化は，政党間のイデオロギー的距離とそれがもたらす協力可能性の程度によっている（『現代政党学』岡沢憲芙・川野秀之訳，早稲田大学出版部）。

（2）「数と勢力関係」への注目

　日本でより広く受け入れられてきたのは，サルトーリの分類であろ

う。その理由は，自民党が戦後長らく単独政権を維持してきたことについて，一党優位制という概念で巧みに説明したからである。定数不均衡などの問題があったにせよ，おおむね自由で公正な選挙が行われてきた戦後日本の場合，政権交代が長く生じなかったことのみに注目して「一党独裁」や「一党支配」という言葉を使うのは，学術的には躊躇するところであった。一党優位制という概念は，自由で公正な選挙が行われる場合にも政権交代が長く起こらない事例が他国にあることを含め，日本政治を説明するために好都合であった。なお，一党優位制において長期にわたり政権を維持する政党を優越政党と呼ぶ。

そのような利点がある一方で，サルトーリの議論には，分類が複雑で主観的になりすぎることや，それぞれの政党システムがなぜ成立したかの説明が曖昧で分類に止まることなどが，明らかな弱点として存在した。日本政治やドイツ政治といった具体的な対象を叙述するには優れていても，政党システムの一般論を展開し，そこに存在する因果関係を解明するには使いづらい概念だったのである。本書でも，これらの弱点は無視できないものであると考えて，サルトーリの分類ではなく，デュヴェルジェの分類（二党制か多党制か）を中心に議論を進める。

二党制（二大政党制）か多党制かを規定する最も重要な要因が選挙制度であることについて，詳しくは第3章の議論を参照していただきたい。ポイントだけを改めて述べておけば，次のようになる。

小選挙区制や比例代表制などの選挙制度は，それぞれに異なった比例性を持つ。この比例性が高いほど有権者は自らの立場に近い候補者へと素直に（誠実に）投票でき，小政党の議席獲得の可能性が高まる。小政党が議席を獲得している場合には多党制になる。小選挙区制に代表される比例性が低い選挙制度の場合には，逆の因果関係によって，二党制になる可能性が高まるのである。政党間に存在する勢力関係は，基本的に

は有権者の政党支持によって決まる。しかし，とりわけ比例性が低い選挙制度の場合には有権者が戦略的投票を行う可能性が高いため，政党間の協力関係がどのように構築されるかにも影響を受ける。政権与党に対抗する野党が分裂しており，それぞれに候補者を立てるような場合には，政権批判票が分散してどの野党も伸び悩むという例は珍しくない。

（3）政党間の対立軸を生み出す要因

　注意せねばならないのは，選挙制度に注目することで政党の数と勢力関係を説明できるが，政党間に存在する対立軸や主要争点のあり方については十分に説明できないことである。二党制の場合には有権者が最重視する争点，すなわち戦後主要国の多くでは経済政策と利益配分のあり方が対立軸を形成する可能性が高い。しかし，外交・安全保障や新しい争点（環境保護や少数派の権利擁護など）に力点を置いた勢力が党内で優位を占め，二大政党の一方が経済以外の争点を前面に打ち出すことは，決して稀ではない。また，多党制の場合には何を主要争点にするかという争いが生じるのが一般的なので，政党間の対立軸も多様になる。たとえば，保守系政党は左派（社会民主主義）政党とは経済政策で，環境保護政党とは環境政策で競う，ということが起こりうる。このような場合には，選挙制度による説明はほぼ無力である。

　政党間に成立する対立軸を巧みに説明してきたのは，凍結仮説のように，社会に存在する集団間の対立や相違が政党間関係に反映されるという考え方であった。こうした対立や相違を，先に挙げたリプセットとロッカンが提唱した概念を用いて「クリーヴィジ」（社会的亀裂）と呼ぶ（Lipset and Rokkan, "Cleavage Structures, Party Systems and Voter Alignments"）。クリーヴィジは社会の中に複数存在しており，そのうち何が重視されるかは変化するものの，クリーヴィジそのものは

おおむね固定的で，それが政党間の対立軸の安定にもつながると考えられてきた。ただし，凍結仮説が今日では説得力を失っていることからも明らかなように，近年では政党間の主要争点や対立軸は著しく流動化しており，無党派層も増大していて，クリーヴィジによる説明はうまく行かない場合が多い。伝統的な対立軸の影響も残っているが，そのときどきに有権者が重視する争点が，短期間の選挙結果に反映されていると見る方が妥当であろう。

　クリーヴィジの効果が薄れ，政党間の対立軸や主要争点が短期的で流動的になるにつれて，選挙結果の変動も起こりやすくなる。選挙を行うたびに，政党間の勢力関係が大きく変わるのである。このような政党間の勢力関係の変化を，政治学では選挙変易性と呼ぶ。選挙変易性は，比例性が高い選挙制度の場合には有権者の政党支持に，低い選挙制度の場合には政党支持と選挙協力に規定されるのが基本である。しかし，近年では争点の短命化や新党の登場などにより，有権者の政党支持が揺らいでいるために，選挙変易性が従来よりも大きくなる傾向にある。そのことは，新党の急激な台頭や古くからある大政党が急激に勢力を弱めるといった事態を引き起こし，有権者の政党に対する認知水準や期待水準をさらに低下させて，政党システムの不安定化につながると考えられている。

（4）政権構成や立法過程への影響

　二党制と多党制の違いは，政権構成の違いにもつながる。二党制の場合にはほぼ単独政権となり，多党制の場合には連立政権になることが多いのである。二大政党が競争する二党制では，選挙結果が確定すると直ちに，議席の多い政党が与党として政権を構成する。政権を獲得できなかった政党は野党として，次の選挙での逆転を目指して捲土重来を期す

ことになる。与党と野党の違いは多くの場面で決定的で，野党は政策決定に加わることは実質的にできず，与党を批判しつつ次の時代の政策を準備するのが主たる役割となる。議会での法案審議も，採決結果ははじめからほぼ決まっているので，法案の内容や，そのような法案を提出した政権与党の方針と姿勢を問いつめ，有権者にアピールするのが主たる機能となる。第4章でも言及したように，このような議会をアリーナ型議会という。

　多党制の場合，議会で単独過半数を獲得している政党はないことが多いので，複数の政党が共同で政権を構成する連立政権となる。連立政権が成立するまでの過程はさまざまで，選挙前から連立与党の組み合わせを決めて有権者に公約することもあれば，選挙後にいろいろな組み合わせが追求され，場合によっては数ヶ月の時間をかけてようやく政権が成立することもある。連立与党の組み合わせが確定すると，与党となった政党間で取り決め（連立協定）が結ばれて，政権運営の基本方針や推進する政策を定める。この場合に，連立与党の議席数が過半数をわずかに超える程度だと，小政党が強い交渉力を持って大政党を振り回すことも起こりうる。また，連立政権の下で内閣が提出する法案は，議会で与党が中心となり修正される場合があり，その過程では野党が影響力を行使することもある。法案修正などの政策決定に実質的役割を多く担う議会を，変換型議会という。

　連立政権のみが多党制の政権構成ではない。自民党が長期単独政権を継続したかつての日本は，中選挙区制という比例性の高い選挙制度の下で，多党制でありながら連立政権ではなかった。サルトーリのいう一党優位制が成立している諸国では，このような例が見られる。多党制の下での単独政権が生まれる大きな理由は，抜きんでた第一党が成立していることによるが，それを裏返せば，第二党以下の政党が有権者の期待に

応える政策を提示できないことや，第一党に対抗して政権を獲得するための協力ができないことの表れでもある。ただし，比例性が高い選挙制度の下では，協力をしなくとも一定水準の議席は確保できるため，政党間協力の誘因は相対的に乏しい。第一党が何らかの理由で分裂しない限りは，比例性の高い選挙制度の下で成立した単独与党を打ち破るのは容易ではないのである。

　ここまで，議会の選挙結果が政権構成に直結する議院内閣制に絞って議論を進めてきたが，大統領制であることと政党システムの間には，いかなる関係があるのだろうか。大統領制は，全国を単一の選挙区とする小選挙区制の選挙が行われ，独任の執政長官である大統領が選任される仕組みなので，全国規模の二党制を生み出しやすい。アメリカはその典型で，地域や選挙区ごとに大きく異なった政治的立場を打ち出す議員が多数いるにも関わらず，大統領ポストを争うことが優先されるために，二党制が続いてきた。別の言い方をすれば，大統領制の場合，二党制であることは議会内での政党のあり方に，必ずしも大きな影響を与えない。与党と野党という概念はなく，大統領と同じ政党に所属している議員だから大統領の方針を支持することが常に求められるわけではない。そのため，議会での多数派形成は，法案ごとに超党派で進められることが珍しくない。

3. 政党組織——政党の内部構造と運営

（1）政党はなぜまとまるのか

　1つの政党の内部にどのようなルールが存在し，いかに運営されているのかを考えるのが，政党組織論である。組織は社会の至るところに存在しており，それぞれ企業組織，行政組織，非営利組織（NPO）などと呼ばれて研究の対象ともなっている。政党組織論は，そのような他の

組織と同列の存在として，政党を扱おうとするのだともいえる。

　政党組織を検討する際の具体的な問いは「政党はなぜまとまるのか」
である。政党は，一般党員・活動家・議員・幹部（執行部）という4種
類のアクターから構成される。一般党員とは，理念や政策などに共鳴
し，その政党に加入した有権者で，多くの場合に党費と呼ばれる少額の
金銭を定期的に納めている。活動家は，一般党員の中でもとくに熱心に
党の運営に参加しているメンバーで，地域の党組織の会合に出席し，日
常のポスター貼りやビラ配り，選挙応援なども担う。議員は，政治家に
なった党員である。国政の政治家であれば全国の，地方の政治家であれ
ばその地方の，党組織の運営にも中心的に参加する。幹部は，主に議員
の中から，党組織の運営や選挙などの活動の基本方針を定め，党勢の維
持や拡大に最終的な責任を負うべく選ばれる。

　20世紀に広く見られるようになった大衆政党の組織は，一般党員・
活動家・議員・幹部の間に，幹部を頂点とするピラミッド構造が形成さ
れていることを想定していた（**図5-1**参照）。それ以前の名望家政党の
場合には，有権者資格が限定されていたことや党財源が党費に依存して
いなかったことから，一般党員や活動家は存在しないか，意味を持たな
かった。名望家政党にルーツを持つ政党の場合，普通選挙が採用されて
も大衆政党のようなピラミッド型組織は十分に形成されず，幹部と議員
の影響力が大きい「議員政党」という組織形態になることが珍しくな
かった。日本の自民党は，そのような議員政党の一例であった。ピラ
ミッド型の大衆政党組織は，さしたる財産を持たない都市労働者や小農
民が一般党員の大多数を占める，左派政党に最も適合的な形態で
あった。

　一般党員から幹部までの間に，人数的にはピラミッド型の組織が形成
されているとしても，そこに上意下達的な意思決定メカニズムが成り立

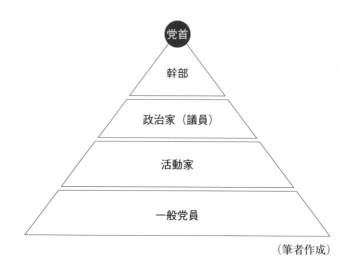

（筆者作成）

図5-1　階統性のある（ピラミッド型の）政党組織

つとは限らない。それは主に２つの理由による。１つには，幹部やその
母体である議員は，選挙における一般党員からの支持や日常における活
動家の支援によって当選しているからである。民主主義体制における政
治家は，有権者からの委任によってその地位が確保される存在である以
上，一般党員や活動家へと一方的に指示が出せる関係は成立しにくい。
もう１つは，一般党員・活動家・議員・幹部のそれぞれが，異なった利
害関心を持つことがあるためである。理念や政策に共鳴した人々が集
まって政党を作っているにしても，党内でのそれぞれの立場から，具体
的な優先順位や個人的な関心事が異なることは少なくない。端的には，
議員や幹部は政治家を職業としている以上，理念の実現よりも自らの再
選を優先させることは珍しくないのである。

（2）一体性・凝集性・規律

　ここに，政党組織がなぜまとまるのか，という問いが意味を持つ。学術的にもやや混乱が残っているが，政党組織のまとまりについては，一体性・凝集性・規律という3つの概念を使って議論することが多い。

　「一体性（party unity）」とは，最も広い意味で政党がまとまっていることを指す。しばしば具体的には，その政党に所属する議員が議会での採決に際して，同じ投票行動をとることを指す。政党が掲げている理念や政策が意味を持つのは立法によって政策を決める場面なので，ここでどのようにまとまっているかが最大の注目点になるわけである。「凝集性（party cohesion）」とは，一体性が生じる理由の1つで，その政党の構成員が同じ政策を望んでいるために実際の選択も同じになることを指す。左派政党の構成員であれば，幹部から一般党員まで社会保障の拡充にはおおむね好意的だが，このように同じ考えの人が集まっている場合には，社会保障政策をめぐる選択を行う際に一体性が容易に確保される。しかし，このような凝集性が得られない場合には，「規律（party discipline）」による一体性確保が必要となる。規律とは，幹部からの指示などに基づいて，議員が同じ選択を行うことを指す。

　3つの間の関係については，政党が政策決定において一体性を確保するために，凝集性があればそれに依拠すればよく，なければ規律が必要になる，と一応整理できる。しかし，凝集性がない場合には規律を行き渡らせることができる，といった関係が簡単に成立するわけではなく，政党の一体性が十分に得られない場合も珍しくない。鍵を握るのは規律を作用させられるかどうかだが，そこには基幹的政治制度の影響があると考えられている。

（3） 基幹的政治制度の影響

　まず，選挙制度の影響について見よう。選挙制度を考える上で最も重要なのが比例性であることは第3章で述べたが，比例性の高低は規律による一体性確保の可能性にも大きな意味を持つ。すなわち，比例性が高い選挙制度の場合には，小政党に所属していても当選することが可能であるため，幹部からの指示に従いたくない議員には離党という選択肢が残る。それを裏返せば，離党する議員が出るような指示を幹部が与えることは難しく，規律が作用しづらいということである。反対に，比例性の低い選挙制度であれば，小政党や無所属候補者の当選は難しいため，議員たちは不本意であっても幹部の指示に従わざるを得ない。このような場合には，規律による一体性確保が容易なのである。

　小選挙区制のように比例性の低い選挙制度は，しばしば二大政党制を生み出すが，大政党の内部にはさまざまな考えの政治家や活動家が加わる。理念や政策という点では雑居的な性格が強まるのが，大政党の特徴である。そこでは凝集性による一体性確保はほとんどの場合に困難であり，一体性を得るとすればもっぱら規律によることになる。近年の日本はその典型例であり，小選挙区比例代表並立制という比例性が低めの選挙制度に多くの政治家が習熟するようになると，自民党をはじめとする大政党の内部では幹部による規律が強く作用するようになった。

　もう1つ注意せねばならないのが，候補者個人の集票が可能であるかどうかの違いである。比例性が低い選挙制度においては問題にならないが，比例性が高い選挙制度だと，大選挙区制や非拘束名簿式比例代表制のように個人集票が可能である場合と，拘束名簿式比例代表制のように個人集票が不可能（すべて政党への投票）である場合によって，幹部の意向に不満を持つ議員の選択肢は異なる。個人集票が可能であれば，無所属になるか個人名を冠したような政党を作ることで，自らの支持基盤

の大部分を維持することができる。このような場合の方が，拘束名簿式比例代表制に比べて離党のハードルは下がることは明らかである。ただし，個人集票の可能性による違いは，比例性による違いほどは大きくない。

　次に，執政制度の影響を考えよう。執政制度は，執政長官である首相を議会内多数派が選任し，内閣を支える議院内閣制と，大統領を有権者が議会とは別個に選挙し，議会内多数派と政権の間に信任関係がない大統領制に大別される。半大統領制は，首相と内閣の存続に関しては議会多数派の信任が不可欠なので，ここでは議院内閣制と同じに考えてよい。議会内政党の一体性は，議院内閣制においてより重要となる。多数派である与党の一体性が失われると，首相と内閣は直ちに行き詰まってしまうからである。

　そのため，一般的に言えば，議院内閣制の方が大統領制よりも政党は一体性を追求する傾向が強い。大統領制において，凝集性による政党の一体性が高まると，大統領の方針が無批判に受け入れられるか，全面的に拒絶されるか，といった極端な政策過程が生まれることになる。今日のアメリカでは保守とリベラルの「分極化」がしばしば指摘されるが，それにより政権党が議会両院の過半数を確保するかどうかで政策の決まりやすさが劇的に変化するという事態を招いている。

（4）新しいモデルの必要性

　このように，政党組織についての研究では，政党がなぜまとまるのかという問いに対する答えを探究してきた。ただし，そこで想定されていたのは，一体性を確保することを通じて政治権力を行使し，自らが望む理念や政策を実現する政党の姿であった。今日，そのような政党が衰退するにつれて，政党は何のためにあるのかという，より根本的な問いが

再び出現しているように思われる。それは，幹部と議員の間における一体性確保の問題ではなく，一般党員や活動家を含む政党が全体として何を追求し，民主主義体制においてどのような役割を果たすのかということである。

　現時点では，この問題はなお抽象的あるいは規範的な議論という面が大きく，確実な知見として取り上げることはできない。したがってあくまで私見に止まるが，重要なのは参加民主主義や熟議民主主義の手段として政党が機能することではないかと思われる。本章で取り上げてきた政党は，基本的に統治エリートの間の競争の手段という面が大きかった。一般党員や活動家は，ある程度まで発言の機会などが与えられていたとしても，基本的には既に定まった理念や政策に賛同して政党に加わる存在であり，組織内のフォロワーだったのである。

　しかし，長期にわたって持続する理念を掲げ，政策を追求することが容易ではない今後は，理念や政策そのものを一般党員や活動家が議論しながら作り上げていくことが，どの政党にも求められるようになるだろう。それは，政党の存続に止まらず，民主主義の活性化にとっても必要なことである。実際の組織デザインの難しさなど，実現のために解決されるべき課題は多いが，新しい政党組織モデルが必要とされていることは間違いない。

参考文献

岩崎正洋（編著）『政党システムの理論と実際』おうふう，2011 年。
建林正彦（編著）『政党組織の政治学』東洋経済新報社，2013 年。
ハミルトン，アレグザンダー・マディソン，ジェイムズ・ジェイ，ジョン（斎藤眞・

中野勝郎訳）『ザ・フェデラリスト』岩波文庫，1999 年。

待鳥聡史『政党システムと政党組織』東京大学出版会，2015 年。

水島治郎『ポピュリズムとは何か』中公新書，2016 年。

吉田徹『「野党」論』ちくま新書，2016 年。

6 | 近代国家の理論と思想

山岡龍一

《学習のポイント》 現代政治の制度と実践に影響を与え，それらを理解するうえで有益な理念を，近代国家の理論を中心に解説する。近代ヨーロッパに主権国家が形成された理由と，それに対抗する思想の形成の歴史を，自由主義とその批判を中心に説明する。
《キーワード》 近代主権国家，宗教戦争，共和主義，自由主義，社会主義，保守主義

1. 近代国家の理念

　本章では，ここまでの説明で出てきた，政治をめぐるさまざまな概念を，理論的に整理するうえで有効になる枠組を検討したい。それは「近代国家」である。この概念は，ここまでの議論においてしばしば前提とされてきたが，あえて説明されてはこなかった。これは部分的には，政治における国家の重要性があまりにも自明なために，説明する必要がなかったためであるが，部分的には，国家に関する説明が事実をめぐるものであると同時に理念的なものでもあるからである。つまり，政治をめぐる諸事実の背景として国家を扱うために，特に理論的なアプローチを採用することが有効なのであり，本章はそのような方法で政治が説明される。そして，理念として扱われる国家にまつわる，いくつかの政治理念も合わせて検討することにする。

　政治学においておそらく最も有名な国家の定義は，「国家とは，ある

一定の領域の内部で……正当な物理的暴力行使の独占を（実効的に）要求する人間共同体である」というマックス・ヴェーバーのものであろう（『職業としての政治』9頁）。つまり，国家とは人間による団体であり，一定の領域との関係性をもち，その中心的属性に物理的な暴力がある。ただし，これだけでは他の人間集団との区別が不完全である。国家を特別な団体とするのは，暴力行使の独占を，正当に行っている点に求められる。つまり，事実としてある一定の領域内で，暴力を独占しているだけでなく，それが正当性を認められていなければならない。このことを政治学の別の用語で表すならば，国家には「主権」が存在するということになる。

　主権の概念を決定的な仕方で定式化したのは，16世紀フランスの法学者，ジャン・ボダンである。主権とは「国家の絶対かつ永久の権力」だとされた（ボダン『国家論』175頁）。「永久」であるとは，特定の君主（政体）に属するものではなく，時間を超えて存在する団体である国家の属性であることを意味する。「絶対」とは，国内的には，至高の権威であることを，他国との関係では，他から完全に独立した権威であることを意味している。主権の権能としてボダンは，高位官吏の任命，宣戦布告，最終審，生殺与奪（例えば恩赦）などの権利を数えた。このような主権こそが，近代ヨーロッパに現れた国家の本質的な特徴だとされたのであり，それは実際に14世紀ごろからフランスやイングランドに形成され始めていた統治機構を記述する概念であったが，それ以上に，この時代に統治機構が実現すべき政治の理念でもあった。

　このような主権の権能が実際に働くことで達成することが目指されていたのが，秩序の形成と維持であった。これこそが，近代国家が担うことを期待された最大の機能である。これは，近代ヨーロッパを襲った深刻な危機への対応であった。16世紀における宗教改革と，それに対抗

する反宗教改革の運動は，それまで統治権力に安定的な権威を付与していた教会の権威を揺るがしただけでなく，宗教という究極的な価値に基づく対立を全面化した点で，ヨーロッパ社会の秩序を深刻な仕方で危機に陥れていた。端的にいえば，一国内に多数派の宗教と少数派の宗教が存在するなら（それは，人間社会において，ごく普通に生じることである），迫害された少数派は他国の仲間に助けを求めることになるかもしれない。こうして，国内的な対立は，国家間の対立へと容易に転化することになり，こうした対立が究極的な価値に訴えるものであったので，妥協の余地がなくなり，内戦や戦争という剥き出しの暴力が跋扈することになったのである。

　主権は，教会その他の団体から独立して，国家のみがもつことで，一定領域内に安定的な秩序が確立されるために必要なものとして理解された。ボダンは主権を，立法的な権力としたが，それは国家を，そのすべての成員を同様に支配する法的な団体としたからである。つまり，中世の封建的世界では，国家の権威と君主（つまり自然的人格）の権威は，必ずしも明確に区別されていなかったが，近代国家はこの区別によって，法の支配という秩序形成の機構を制度化するうえで重要な理念として構想されたのである。こうした法的秩序の確立は，近代以降のヨーロッパが，科学・技術や経済・産業において発展していくうえで重要な背景的基盤となった。

　では，なぜ国家のみが主権を持つことが，正当化されるのか。初期近代において現実的に主権国家を担ったのは絶対君主政国家であったので，その正当化のイデオロギーとして王権神授説が登場した。宗教改革によって，神と王権を媒介する権威としての教会の力が弱まると，王権が直接神に由来するというこの教説は，宗教の権威そのものはまだ強力であった時代において，国家権力の至高性を表す有効な理念となりえ

た。しかしながら，主権の基礎を宗教に置くことは，他ならぬ宗教的対立を押さえるために召喚された主権の機能を損なう危険性もあった。

　宗教のような非政治的価値ではなく，政治そのものの価値によって擁護する，哲学的な正当化によって，主権国家の理念を確立したのがトマス・ホッブズであった。ホッブズが利用したのは社会契約論である。それは国家政府がない場合に，人間がいかなる状態になるかを，自然状態として記述し，それが絶対的に悲惨なものであることを論証することで，そこからの脱出，つまり国家の設立の合理性を証明するという思考実験であった。自然状態は道徳的な真空状態であると考えたホッブズは，人間には，自己保存のために互いを殺害することさえ認める自然的な自由（自然権）があるとし，それゆえに，自然状態では相互に戦争状態にならざるをえないと主張した。かかる状態では，絶えざる死への恐怖によって，各人がもつ自由は実質的に無となり，文明的な生活も望めない。社会契約は，この状態からの脱出の方法と，その結果を表す構想となる。

　自然状態にいる人間のすべてが，自らがもつ絶対的な自由を，例外なく一斉に放棄し，それを単一の人為的人格（これを担うのは個人でも集団でもよい）に授与することで，平和が達成できる。この人為的人格が，主権者と呼ばれる。各人は，自己防衛という究極の権利は保持するが，何が自分達の平和に必要なのかを判断し，その判断を行使する権利は主権者に授権するという契約を相互に結ぶ。この社会契約によって，平和の擁護者であり絶対的権威である主権者の下に臣民（国民）が服従するという，主権国家が理論的に作成される。この国家の権威は，その成員すべての意志に基づいており，何よりも，自然状態からの唯一の脱出法であるという意味で，すべての成員にとって合理的な選択の結果であるので，正当化されることになる。

ホッブズは，国家の法律が主権者の意志であるとし，すべての国民が同様に法律によって拘束されるとする。主権者は絶対的な自由を持つため，この法律自体を制限するものは，宗教的権威も含めて，この世には存在しない。ただし，すべての人間は元々絶対的自由を持っており，それを契約によって制限した分が法律になっているのだから，法律で規制されていないことに関してはすべて，臣民の自由になると主張した。こうしてホッブズは，伝統的，封建的，宗教的権威によって制限されていた個人の自由を，法律が沈黙する領域にかぎり，全面的に解放する論理を，主権国家の理論のなかに埋め込んでいた。

2. 近代立憲主義

ホッブズが哲学的に構想した主権国家は，その成員たる国民に平和を与え，法の支配という秩序を保証する存在であったといえる。各人は，個人として自らの自由を追求してよいのであり，それが生み出す可能性のある自由同士の衝突は，国家権力のルールである法律によって制御される。つまり，国家の秩序を脅かさないかぎりで，各人は宗教，言論，経済活動等の自由を追求できることになる。とはいえ，こうした自由は，主権という絶対的権威の下につねに置かれていることには変わりない。したがって主権者つまり国家は，平和への脅威だと判断したものは，いかなる自由であっても正当に干渉し，制約する権限をもっているのであり，何よりも，この権限そのものを制約するものは存在しない。

このような自由と権威のあいだにあるパラドクスは，国家を抽象的理念として構想するかぎり，容易には解きがたい問題となる。近代ヨーロッパの政治思想においてこのパラドクスは，国家の概念に含まれるが，それと分離可能な概念である「統治」，そしてその主体であるところの「政府」の在り方をめぐる議論のなかで，一定の解決法が追求され

た。実際，ボダンやホッブズにしても，主権を国家の属性として思念していたのであり，その国家の権力を実際に担う政府は，それと概念的に区別できるものと考えていたのである。

　17世紀のイングランドでは，スチュアート王朝が絶対君主化への傾向を強化していた。つまり，王権神授説を奉じることで，王権の絶対性を主張し，議会の同意なしに課税するといった権力を正当化することを試みていた。こうした君主政権力強化の動きに対抗した思想には3種類がある。第1は，エドワード・コークのようなコモンロー思想家が奉ずる古来の国制論であり，マグナカルタ（1215年）のような，イングランドに実際に存在する法規範や，法慣行に訴えることで，王権の絶対化に対抗していた。これは，元々は貴族の特権を擁護する論理であったが，この時代においてより広範な国民の自由を擁護する論理へと発展する傾向をみせ，後の時代において，国家権力に対抗する自由の思想の一部を形成するものとなった。

　第2の対抗思想は共和主義と呼ばれる。狭義の共和主義者は，反君主政論者を意味するが，それは，君主政は本性的に，正当な統治，つまり，公共の利益（*res publica*）を目指す統治を妨げると考えられたからである。したがって，君主政であっても，こうした統治を実現するならば共和政と呼ぶという，広義の共和主義者も存在した。共和主義者が君主政に警戒した主たる理由は，「自由」を恣意的な意志による支配からの自由と理解し，単独の統治者による支配は，不可避的に恣意的なものとなると考えたからであった。したがって市民の自由を護るためには，統治権力を制約する機構が必要であり，法の支配もそうした制約のなかの重要な1つだとされた。

　17世紀イングランドでは，ジョン・ミルトンやジェームズ・ハリントンといった共和主義者が，ルネサンスの共和主義者，とりわけマキャ

ヴェリに依拠して，イングランドを自由な国家とする思想を展開した。『君主論』で有名なマキャヴェリは，『ディスコルシ』（もしくは『リウィウス論』）において，共和主義を擁護していた。その際に彼が大いに依拠したのはリウィウスやポリュビオス，タキトスといった古代ローマの歴史家達であり，邪悪な人間がいかにしたら有徳な市民団を形成できるのか，という問いを，共和政体の構築によって解決すべきだと主張していた。とりわけ，君主政，貴族政，民主政という異なった三政体を統合することで，権力の抑制・均衡を図り，部分の利益追求が全体の利益の実現になるような機構をつくるという混合政体論は，共和主義政治思想への偉大な貢献であり，17世紀を越えて18世紀以降まで，権力分立の思想の源泉となっていった。

　絶対君主政に対抗する第3の思想は，社会契約論であった。ホッブズのそれは，既に述べたように絶対君主政を正当化するような側面があった。これとは異なってジョン・ロックは，社会契約論のなかに，恣意的な意志による統治を制約する論理を意図的に組み込んだ。つまり，社会契約によって共同体が形成され，その共同体が政府に権力を信託することで，国家が形成されるとした。これによって，現代の政治学の用語を使うなら，共同体（つまり国民）が依頼人（principal），政府が代理人（agent）という関係になり，前者は後者に実効的な統治を期待しながら，同時に前者は後者が逸脱した統治をしないように抑制するという関係性を構想した。この抑制に関してロックは，最終的手段として革命権を国民に認め，その行使には極めて慎重な理論を展開しながら，国家の在り方の最終判断権は，国民にあるとする思想を確立したのである。

　ロックは同時に，統治の暴走を抑える機構論として，立法権力と執行（行政）権力の分離を唱えた。政府においてこの両者が一体となれば，国民の利益ではなく統治者の利益が追求されるという政治の腐敗が不可

避になると考えたからである。この考えは，フランスの思想家モンテス
キューによって発展させられた。彼は社会契約論の立場はとらず，各国
の歴史的発展のなかで，その国の風土にふさわしい法制度が確立される
べきだと主張した思想家である。そして共和主義の思想も取り入れなが
ら，祖国フランスの君主政を，国民の自由を護るような穏当な君主政に
すべきだと考えた。その際にモンテスキューは，ロック的な立法権力と
執行権力の分離に加えて，司法権力の独立を主張した。彼が実際に期待
したのは，封建的な要素である法服貴族の力による，王権，つまり宮廷
権力の抑制であったが，この司法権力の独立という思想は，後にアメリ
カ独立革命期にモンテスキューを受容した人びと（例えば，『フェデラ
リスト』の作者の1人，ジェイムズ・マディソン）によって，三権分立
の教説に結実していくことになる。

　このようにさまざまな仕方で展開された統治を抑制する原理や機構の
思想は，18世紀における市民革命（アメリカ独立革命やフランス革命）
と，その所産としての権利宣言の思想のなかに流れ込んだ。例えば，フ
ランスの「人間と市民の権利の宣言」（1789年）の第16条では，「権利
の保障が確保されず，権力の分立が規定されないすべての社会は，憲法
をもつものではない」とされ，統治権力の牽制を憲法によって保証する
という思想が表された。独立戦争を勝ち取ったアメリカの人民は，13
の独立した邦（states）を統合してアメリカ合衆国を建国する際に，世
界史上最初の成文憲法を1788年に発効した。このアメリカ合衆国憲法
では，巨大な共和国が専制化するという危惧があったなかで，三権分立
制や連邦制を憲法機構内に確立することで，統治権力の暴走を制約する
工夫がなされていた。そして既に各州（state）の憲法に権利章典は含
まれていたが，後に憲法修正条項が加わることによって，アメリカは権
力分立と権利保障の政治体制を擁することになった。

こうして，主権国家のもつ利点を否定せず，基本的な権利の保障と，統治権力の分立によって自由な統治を，つまり，国民の自由を護る統治を実現するという，近代立憲主義の思想が確立されることになった。

3. 市場と国家

国民個々人の権利を護るために十分なだけ強力でありながら，同時に暴走することのない統治権力を持つ国家の理念を構想するというのが，古典的な自由主義の思想の中核にある。とはいえ，イデオロギーとしての自由主義は，19世紀において確立されたのが事実であり，それ以前にある複数の思想を多様に組み込んだのが，自由主義の政治思想の実体なのである。そうした要素として，自由な制限された統治の教説とならんで重要だったのが，自由な社会，とりわけ自由な市場を擁護するという教説であった。

17世紀ヨーロッパでは，宗教に起因する内戦と戦争がもたらした秩序の危機を克服することが国家の，つまり政治の重要な課題であった。18世紀になると，これとは別の要素が，政治の重要な課題に浮上してくる。名誉革命以降のイングランドは，現在「財政軍事国家」と呼ばれる体制を確立することで軍事力を強化し，ライバルのフランスに対する優位性を獲得した。つまり，高い税収と長期国債の発行によって，積極的財政を可能にし，軍事力を増強していたのである。この背景には，商業，とりわけ貿易の発展という，経済的要因があった。18世紀のフランスは，イングランドやオランダといった新たに台頭してきた二大海洋覇権国に対抗する必要から，積極的な経済政策を施行するようになる。ルイ14世統治下の首席経済大臣のコルベールは，フランスの国益を考えた商業と貿易の政策（例えば，他国の工業製品に高い関税を課し，国内商業の自由化を推進した）を展開したが，それは一般的には，

重商主義政策と呼ばれる。こうしてヨーロッパでは，商業と国際貿易競争が，政治の重要なアジェンダとなった。

　このようなフランスの挑戦にどう応えるかは，イングランドをはじめとしたヨーロッパにおける政治思想の重要な課題となった。1707年にイングランドと合邦したスコットランドの思想家，アダム・スミスは，重商主義政策を批判し，自由市場と自由貿易を擁護する議論を展開して，近代の経済学の始祖の1人に数えられている。スミスによれば，政府による経済活動への積極的な介入は，特定の商人や土地所有貴族の利益を国家政府によって推進するゆえに不公正であり，財の生産と分配の自然的な促進を阻害するがゆえに非効率である。農業を中心にした社会において，商業の発達とともに工業生産が促進されると，社会全体の産業構造が変化し，近代的な分業体制が確立されるとスミスは考えた。財の交通が盛んになることで，市場の参加者が個々に利益を追求することが促進され，それが公正な財の交換システムに媒介されることで，社会全体の利益が増進される。つまり，財の総生産量が増すとともに，市場のメカニズムによって公正な財の分配が実現されるとされたのであり，このようなシステムを「自然的自由の体系」と呼ぶことで，こうした経済の構造と運動には法則性があることをスミスは主張していた。

　以上のようないわば自生的な秩序の形成は，「見えざる手」の導きというメタファーで記述された。国家政府はこうした自然的な秩序を尊重すべきであり，政府にはこの秩序を護るために3つの役割があると，スミスは主張した。つまり，第1に，自らの社会を他の国家社会からの暴力的侵略から護ること。第2に，社会内での人びとの交流を，公正なもの（つまり，不正と抑圧のないもの）にすること。第3に，市場の働きのみによっては必ずしも提供できないが，社会の維持にとって必要なものを恒常的に提供すること，である。換言すれば，基本的に国家政府は

市場に介入すべきでない（それは貿易に関しても自由をできるだけ実現することを意味する）が，同時に，国防，司法，公共財（例えば道路，水道，警察，初等公教育等）の提供という点で，社会に積極的に関与すべきだとしたのである。こうした政策は，レッセフェール（自由放任主義）として，これ以降，古典的な自由主義思想の重要な要素となっていった。

このようにスミスをはじめとする経済的自由主義者が推奨する商業社会の発展は，一方において，宗教や身分のような伝統に基づく社会の秩序を掘り崩し，人びとの自由と平等を促進する傾向があったが，他方において，富者と貧者の格差を拡大し，その格差を維持しようとする新たな支配権力によって，不自由と不平等を生み出すという傾向もあった。この後者の問題を取り上げて，自由主義と対抗するイデオロギーである社会主義の思想が，近代社会が発展するにつれて勃興してくる。

近代国家の完成にとって最大の重要性をもつ事件であったフランス革命は，「自由」「平等」「友愛」の三原理を掲げるものであった。単純化するなら，自由主義はこの3つの内の前者2つを，社会主義は後者2つを，強調する思想だといえる。両者とも，非合理的な社会秩序から人間を解放する教説を自認している点で，啓蒙主義の正統な後継者だといえる。だが，両者は，個人と社会の関係性に関して，根本的な点で対照的な考え方を奉じている。つまり，自由主義が想定する社会は，基本的な権利をもった個人からなる結社というものであるのに対し，社会主義のそれは，本性的に相互依存的な存在である諸個人が，何らかの連帯によって形成する共同体というものなのである。

こうした人間の自然的社会性や連帯をめぐる思想は，古代から存在していたが，近代社会が自由主義的個人を析出し，そうした個人の相互行為としての近代的な経済が発達すると，そこに生まれた問題を解決する

処方を探求する，社会主義の教説が生まれることになった。自由主義社会の経済構造的な問題を指摘し，その克服法を示した思想家として，カール・マルクスがいる。マルクスは，近代的な権利宣言が保証する個人の自由，とりわけ所有権の安全は，本来は共同的な生を営むことによってその本性が発展できる人間を，個々に分断する働きをもつと批判した。彼が注目したのは労働で，本来ならば人間は労働によって自然に働きかけることで，自らの本性を開花する存在であるのに，資本主義経済のシステム下では，労働者は自らの意志に関係ない労働を強いられ，自らの生産物や，労働の過程，そして他の人間達から疎外されるという状況に置かれていると主張した。つまり労働は機械的で強制的なものとなっており，人と人との関係性が，物と物との関係性に還元されているとされたのである。

　このようなマルクスの考えは，資本主義が発達した社会における労働者の境遇の悪化という，現実の社会問題に対する分析でもあった。近代の産業と商業の発展は，物質的な豊かさを生み出したが，大多数の人びとの境遇を改善するどころか，悪化させているという，当時多くの人びとに共有された認識は，社会主義を奉じる人びとを生み出した。マルクスはこのような批判を近代経済学の批判的発展によって遂行した。彼の史的唯物論と呼ばれる思想では，政治，宗教，文化，芸術といった領域は上部構造として理解され，それは人間の物質的，経済的諸関係である土台に規定されるとされた。つまり，伝統的に人間の解放の領域とされていた政治や文化は，それ独自の法則や運動をもつわけではないのであり，真の解放のためには，社会の経済構造の変革が不可避だとマルクスは主張したのである。かくして政治的改革は経済的改革を必要とし，特に私的所有権の廃棄が必要だとされた。

　マルクスはこうした認識のうえに，階級闘争史という政治的構想をか

かげた。この構想では人類の歴史が，自由人と奴隷のような，支配者と被支配者のあいだでの階級の闘争の歴史であるとしながら，資本主義社会においてはブルジョアジー（有産階級）とプロレタリアート（無産階級）の闘争が行われているとされる。プロレタリアートは人類を代表する普遍的な存在だとするマルクスは，その勝利を世界史の到達点として表象した。こうした歴史観は，次のようなラディカルな政治的構想を生み出すことがあった。第1に，世界史の方向性を定めたこの考えは，政治の前衛としての共産党という構想を生み出した。つまり，世界史の法則を把握した少数者が，多数者であるプロレタリアートを先導することで，世界的な革命を目指すという戦略がマルクス主義者のなかに生まれた。第2に，階級闘争史の観点から近代国家は，公共の利益を追求する存在ではなく，現状の支配階級であるブルジョアジーの支配を支える手段であると理解された。したがって，議会のような現行の政治機構を通じた政治改革は無駄であり，近代国家の消滅が目指すべき目標だとするイデオロギーが生まれた。

　こうしたラディカルな政治構想は，科学的な社会の把握を誇るにもかかわらず，マルクス主義にユートピアへの志向性を持ち込むことになった。そして歴史上，極端なユートピア主義の実行は，政治的失敗や，悲惨な結末をもたらすことが多かった。ただし，政治的イデオロギーとして社会主義を奉じる人びとがすべて，このようなラディカリズムを抱くわけではない。むしろ，社会主義の大義を，政党政治のような議会を通じた手段で実現しようする方が通常であり，冷戦の時代に比べるなら，そのイデオロギー的覇権は弱まったとはいえ，政治的イデオロギーもしくは教説として，社会主義は一定の影響力を現在でも保っている。

　自由主義も社会主義も，理性的な手段によって社会を改善するという啓蒙主義的志向性をもっていた。こうした傾向に対抗するイデオロギー

として保守主義がある。フランス革命の原理をイングランドに導入しようとする思想に抵抗したエドマンド・バークは，しばしば近代保守主義思想の始祖とされる。バークは，善き統治が抽象的な原理の合理主義的な適用によって実現されることはなく，そうした統治は残酷な結果を生み出すと考えていた。統治は，その社会の伝統や慣行に依拠すべきであり，そうした伝統に組み込まれた集合的な叡知に，善き統治の実現はかかっていると主張した。伝統の内容は，当然のことながら社会によって異なる。したがって近代の政治的イデオロギーとしての保守主義は，過度に合理主義的な統治に警戒する，懐疑主義的な精神をその特徴とすることができる。

　こうした自由主義，社会主義，保守主義といったイデオロギーは，近代国家の確立が可能にした，近代社会の発展を，どのような仕方で統治すべきかをめぐる教説のバリエーションだと理解することできる。したがってその具体的な内容や，どのイデオロギーが優位になるかは，こうした社会の現実的な変化と，それに対応する統治を可能にする諸条件によって変化する。19世紀において開花した政治的イデオロギーは，この3つに限られるものではないし，現代ではさまざまな政治的教説が生まれている（そのいくつかは次章で検討する）。とはいえ，自由主義，社会主義，保守主義は，現代においても政治的イデオロギーを理解するうえで有効な，基本的教説であるといえよう。

参考文献 ▌

ヴェーバー，マックス（脇圭平訳）『職業としての政治』岩波文庫，1980年。
川出良枝・山岡龍一『西洋政治思想史』岩波書店，2012年。

ギデンズ，アンソニー（松尾精文・小幡正敏訳）『国民国家と暴力』而立書房，1999 年。

杉田敦・川崎修編著『西洋政治思想資料集』法政大学出版局，2014 年。

高木八尺・末延三次・宮沢俊義編『人権宣言集』岩波文庫，1957 年。

野口雅弘・山本圭・高山裕二編著『よくわかる政治思想』ミネルヴァ書房，2021 年。

藤原保信『自由主義の再検討』岩波新書，1993 年。

ボダン，ジャン（平野隆文訳）『国家論』（抄訳）（宮下志朗・伊藤進・平野隆文編訳『フランス・ルネサンス文学集 1 』白水社，2015 年に所収）。

ホント，イシュトファン（田中秀夫監訳）『貿易の嫉妬——国際競争と国民国家の歴史的展望』昭和堂，2009 年。

7 | 現代国家の理論と思想

山岡龍一

《**学習のポイント**》 19世紀から20世紀において主要な政治理念となった民主主義の原理を検討する。現代民主主義国家を正当化する理念と，その現実的形態としての福祉国家を，時代背景を考察しながら説明し，福祉国家を否定する現代的イデオロギーとしてネオリベラリズムを検討する。
《**キーワード**》 民主主義，功利主義，ニューリベラリズム，福祉国家，ネオリベラリズム

1. 民主主義の時代

　現代の政治が依拠する原理は，民主主義だといってよい。したがって，正当なる現代国家は民主主義国家であることになるだろう。民主主義の原型は，古代ギリシアポリスの政治，とりわけアテナイの政治に求められる。そこでは，すべての市民（ただし，女性や奴隷，居留外国人には市民の資格はなかった）は民会に参加する権利をもち，公共的な事柄に関する政治的決定に参与することができたのであり，同時に公的な統治職務は，将軍職を除けば期限付きの輪番制ですべての市民に開かれていた。たしかに，かかる権利は同時に重たい義務（市民権は兵役を前提にしていた）を伴っており，ポリスの政治権力は原則として市民のありとあらゆる事柄を，法的に規制することができたという点で，個人の権利は極めて厳格に制約されていたが，市民の身分を持つすべての人は，その点においては完全に自由で平等だとされていた。

　ところが，政治思想の歴史，とりわけ西洋の主要な政治哲学者達の意見を尋ねるならば，このような民主政治は極めて不安定で，危険なものだとする見解が主流であった。例えばプラトンは，民主政は制限のない自由を求める精神を国内に蔓延させることで，正当な権威への敬意を掘り崩し，市民の利己心を増長させるとした。その結果，市民の利益を実現するという虚偽の約束をするデマゴーグの支配を呼び込み，やがて僭主による独裁的な恐怖政治を不可避的に到来させるとしながら，民主政治が最悪の統治に最も近いもの，そして，人間本性の完成から遠ざかるものであるとしたのである。またモンテスキューは，アテナイ流の民主政治が，規模の小さな国家でのみ可能なものなのであり，近代国家の規模ではその維持が難しいものであることを指摘していた。そして小規模国家は自国を他国の侵略から護るうえで，軍事力の点で決定的に脆弱であり，現実的に維持可能が容易なのは，基本的に近代国家のサイズだけだとされたのである。

　民主政治の理念を，近代国家と結びつけたのが，代議制の理念である。19世紀はじめに思想家のバンジャマン・コンスタンは，私的な個人的活動にふけることを求める自由を近代人の自由，公的な決定に積極的に参与する自由を古代人の自由として区別しながら，近代社会の到来によって，後者を政治制度によって実現させることは，時代錯誤的であり，危険なことだと主張した。しかしながらコンスタンは，近代社会における政治的統治の重要性を否定したのではなかった。個人的な権利の享受そのものに加えて彼は，この権利を護るために必要な政治的自由も，近代人に必要な自由に数えていた。そして代議制統治こそ，近代人が自由を安全に享受できる唯一の避難所だとされたのである。奴隷制が廃止され，商業が発達した近代社会において（つまり，生活の全般を政治的活動に費やすことが，普通の市民にとって不可能となった時代にお

いて），統治権力を制御するためには，市民は定期的に行われる選挙によって委任される代理人による統治を採用せざるをえないのであり，私的な活動に従事しながらも市民は，そうした統治が暴政とならないように適切な監視を怠ってはならないのだ，とコンスタンは主張していた（コンスタン「近代人の自由と古代人の自由」）。

このような代議制統治が，現代的な民主政治になるうえで重要な要素は，最終的には普通選挙制にまで至る，選挙権の拡大であった。代表制の理念は，封建的社会や，共和主義の思想にも存在していたが，それらは概して，代表を選ぶ権利を，限られた人びとにのみ認めるものであった。その際，一定の財産所有がその資格要件になることが多かったが，それは，富が保証する閑暇と教養が，政治的権利に不可欠だと考えられていたからである。このような伝統的な制限に抗してヨーロッパでは，19世紀から20世紀にかけて，選挙権をより多くの人びとに開くようにする運動が進んでいった。ここでは，その運動の実体そのものではなく，その背後にあった思想の1つに注目したい。

コンスタンと同時代人のイングランドの法学者，ジェレミー・ベンサムは，功利主義という道徳思想を広めた人物として有名である。「最大多数の最大幸福」というフレーズが示すように，功利主義が目指すのは，より多くの人がより多くの幸福を得ることであり，ベンサムは幸福の内容を快楽の増加と苦痛の減少として理解した。つまり，複数の選択肢がある場合，それぞれの選択肢がもたらす結果を予測し，それを比較衡量したうえで，最大限の幸福をもたらすと思われるものを選択すべきだとしたのである。ベンサムは幸福の総量を，功利性（utility）を単位として測定し，それを社会全体に対して適用することで，望ましい政策を特定することができると考え，とりわけ伝統的な法慣行に基づくイングランドの法制度の不合理性を，自らの功利主義思想の適用で合理的な

制度に改革できると主張していた。

　当初ベンサムは，自らの改革案を統治者に示せば，それが合理的であるがゆえに，やがて現実化されると信じていた。ところが，実際に彼の期待は実現されることはなく，ベンサムは統治制度そのものが功利主義の原理に基づく仕方で改革されなければならないと考えた。彼の構想は，民主的なアカウンタビリティのある統治制度の確立であり，普通選挙，秘密投票，平等選挙区，一年議会といった制度によって，国民への応答性のある政治を代議士に強いるようにし，同時に，政府活動に関する情報の最大限の公開と，報道・出版の自由が促進する健全な世論を育てることで，統治権力の腐敗を防止することが目指された。これに加えて，政治家，官僚，法曹家といった近代的な専門人の育成に励み，国民全体の幸福の増加を進めることが必要だとされた。ベンサムの思想は，彼に賛同する政治家やジャーナリスト，学者からなる哲学的急進派と呼ばれる人びとによって，現実の政策に適用されるようになった。19世紀イングランドにおける3度の選挙法改正が，その具体的な成果だといえる。

　ベンサムの政治思想の要点は，統治者と被治者の利益をできるだけ一致させることであり，そのために代表者が被代表者の利益から離反しないことを監視し，かかる離反を防御するサンクションの制度を確立することであった。そしてすべての当事者の利益の総和を目指すうえで，各人の利益の最善の判断者はその人自身であるという考えを抱いたベンサムにとって，代議制民主政治は近代社会に最も相応しい政治制度であった。経済制度に関しては自由市場主義を支持したベンサムの思想は，現代における自由民主主義思想の原型であったといえる。

2. 福祉国家

　選挙権の拡大は，国によってそのスピードは異なっていたが，20世紀の前半には多くのヨーロッパ諸国で男女普通選挙制度が実現した。このような仕方で民主主義の原理が普遍的に実現されたのは，既に見てきたように元々民主政治が不審の目で見られていただけに，興味深い事実である。これは部分的には，人権の尊重のような啓蒙主義的思想が，普及したためともいえる。しかしながら，現実の政治の変化が，そのような倫理的理想の力だけで生まれることはまずありえない。ここでは，選挙権の拡大は参加の権利の普及であると同時に，国民の政治への動員でもあるという点から，この問題を説明したい。

　国家と個人の関係性という観点から考えた場合，図式的にいえば，自由主義は両者を分離する傾向に，社会主義は（国家批判というラディカリズムに与しない場合）結合する傾向にあると理解できる。しかしながら社会主義が勃興してきた，つまり広範な説得力を獲得してきた理由として，資本主義経済が生み出した社会的諸矛盾が現実として存在していたという事実は，ライバルイデオロギーと競うためにも，自由主義そのものに自己修正をうながした。そのような修正を可能にした1つの要因が，近代国家観の変容に求められる。

　マルクスが多大な影響を受けたドイツの哲学者G・W・F・ヘーゲルは，既に資本主義社会の発達の中に，さまざまな矛盾を見いだしていた。例えば市場経済の発展が，一方において人びとの生活の相互依存性を強めたが，他方において生活格差を生じさせ，ホームレスのような人びとを生み出すことが問題視された。このような人びとが，単に貧困状態に置かれていることだけが問題なのではなく，彼らが社会から疎外され，労働する意欲さえも奪われていることが深刻だと考えたヘーゲル

は，こうした経済的矛盾を克服するために，国家を積極的に活用すべきことを主張した。その際に彼が構想した国家は，身分や資産，身体的能力に関係なく，個々の国民がすべて，国家という全体のなかに有意義な仕方で位置づけられるという，有機体的な国家観であった。これはいわば，国民の連帯に依拠する国家観であり，イギリスやフランスに比べて，中央集権化による強力な官僚制と軍事力をもつ国民国家の建設が遅れていたドイツで，その遅れを取り戻そうとする考え方でもあった。

　こうした有機体的国家観は，国民の自由とともに義務を強調するものであり，国家全体としての経済的・軍事的力を，全国民の連帯によって強化するという思想であった。これはヘーゲルの場合，独自の神学的でさえある形而上学的思想に依拠するものであったが，同時に，都市化が進み，商業や工業が発達するなかで，大量の労働者が生み出され，そうした人びとが生産者であると同時に消費者として，社会の動態を支える重要な要素となってきたという認識に基づくものでもあった。

　こうした有機体的国家観は，既に国民国家を確立しつつあった国においても，この時代に受容されることになる。オックスフォード大学の教員で多くのエリートに影響を与えた哲学者であったT・H・グリーンは，人間の生にとって，他人からの干渉を排除する消極的な自由だけでは不十分であり，各人のもっている潜在的な能力を，社会に貢献する仕方で開花させるという積極的な自由が必要だと考えた。そのためには，そうした開花をすべての成員に可能にするように，国家が積極的に社会に介入する必要があるとされた。例えば契約の遵守は尊重されねばならないとしても，契約に基づいて雇用された労働者の状況が悲惨なものになっているなら，その状況は改善されねばならない。グリーンは，たとえそれが自由な契約関係を制約するものとなるにしても，国家が工場法，義務教育法，公衆衛生法等を通じて，経済社会に介入すべきであり，その

ことによって，国家全体の共通の利益（共通善）を実現すべきだと主張
した。さらに彼は，財産権に一定の制限を課したり，酒類の販売にも一
定程度の規制をかけたりして，国民の生活の質の向上をはかるべきだと
考えていた。グリーンに影響を受けたジャーナリストでありかつ社会学
者であったレナード・ホブハウスは，共通善の構想に社会進化の思想を
取り入れ，すべての個人の生の改善が，社会の改善となると考え，労働
者の権利や生活賃金の権利を擁護し，失業保険と医療保険，そして包括
的な老齢年金を支持した。こうした，個人の実質的な自由を促進するた
めに国家が積極的な役割を負うべきとする思想は，ニューリベラリズム
と呼ばれた（しばしば，「新自由主義」と表記されるが，後の「ネオリ
ベラリズム」と区別するために，このように表記する）。

　こうした修正された自由主義であるニューリベラリズムが具体化され
たのが，20世紀の前半に欧米諸国に登場した福祉国家だといえる。こ
の時期にこのような国家の構想が浮上し，現実化した背景として，2つ
の世界史的事実に注目すべきであろう。つまり，世界恐慌と2つの世界
大戦である。世界恐慌は，古典的自由主義が奉じた自由市場の自動調整
機能への信頼を著しく失墜させた。こうした事態に応える仕方で登場し
たのが，ケインズの経済理論であった。その理論は，通貨の管理と軍事
支出・公共投資等の積極的経済政策によって，政府が有効需要を創出
し，完全雇用状態の実現を目指すべきだとするものであった。管理され
た市場という「混合経済」により資本主義体制を維持するという政策
は，アメリカのニューディール政策にも共通するものであり，この時代
において福祉国家の基本的な政策となった（ちなみにアメリカでは，イ
ギリスのニューリベラリズムに相当するこの政策が「リベラル」と呼ば
れるようになり，20世紀における両国の「リベラリズム」という言葉
の意味のズレを生んでいる）。

　市場をはじめとする社会（そして個人の生）に国家が介入するという傾向は，2度の世界大戦においてさらに強化された。世界史上，未曾有の総力戦となった戦争によって，国家政府による社会の管理，統制，監視の技術が発達し，人びとの私的領域のさまざまな局面に国家の影響力がおよぶ統治体制が，全体主義圏のみならず，自由主義・社会主義圏の国家においても広まっていった。財の再分配を不可避的に含む福祉国家的政策は，当該の社会のなかに一定程度の連帯意識があることが必要である。総力戦という状況は，国民のあいだに一体感を醸成するうえで有利な条件だったといえる。また同時に総力戦は，国民全体に犠牲や負担を強いるものであるので，国民全体に生活保障を約束するような政策も必要とされた。イギリスでは1941年から42年にかけて，数多くの戦後再建計画（国内秩序のみならず世界秩序も取り上げたもの）の提案が，政府のみならず民間でも時事問題化したが，それは戦争目的としての戦後を描くことで，国民を鼓舞するという意味があったのであり，そうした提案には，民主的な平等の理想を含むものが多かった。同時期，アメリカ大統領のローズヴェルトによって唱えられた，言論・表現の自由，信教の自由，欠乏からの自由，恐怖からの自由という4つの普遍的な自由という思想も，これと同様の精神を表すものであった。

　こうした戦後再建計画のなかでも，最も影響力を振るい，戦後イギリスの福祉国家建設の設計図となったのが，1942年に発表された「ベヴァリッジ報告書」である。ニューリベラリズムやケインズ経済学の影響を強く受けた厚生官僚のベヴァリッジの強い主導性の下にあった委員会が作成したこの計画は，自由市場の限界を認め，克服すべき5つの巨悪として，欠乏，疾病，無知，不潔（ホームレス），無為（失業）を提示し，それらと戦うために，年金，医療，教育，住宅，雇用をめぐる社会保障制度の必要を唱えていた。「ベヴァリッジ報告書」は発表直後ベストセ

ラーとなり，アメリカをはじめ多くの国においても読者を獲得することで，広い影響力を誇っていた。

　第二次大戦後，冷戦下において自由主義陣営の多くの国において，福祉国家的政策が採用されたが，その具体的な形態は，それぞれの国の事情によって異なる。例えば，福祉国家の研究者であるG.エスピン－アンデルセンは，欧米の福祉レジームを，「自由主義」（アメリカやイギリス等のアングロサクソン諸国），「保守主義」（ドイツやフランス等の大陸諸国），「社会民主主義」（スウェーデン等の北欧諸国）の3つに分類している。とはいえ，同じく福祉国家の研究者であるH・L・ウィレンスキーによれば，福祉国家の本質とよべるものがあるのであり，それは「所得，栄養，健康，住宅，および教育の最低基準」を，すべての国民に対して「政治的権利」として保障することなのである。（ウィレンスキー『福祉国家と平等』33頁）こうした民主主義的原理に基づく国家体制が，20世紀中葉の自由主義圏国家の標準となった。

　福祉国家を支え，福祉国家が醸成する国民の連帯感という観点に関して，ナショナリズムについても触れておこう。19世紀において，国民国家建設に遅れをとっていたドイツやイタリアにおいて，国家的統一をネイションという単位に求め，言語，宗教，文芸といった文化的同質性に訴える政治イデオロギーが跋扈した。当時，マルクスをはじめ多くの知識人が，ナショナリズムは一時的なものであると予想したが，それに反し，ナショナリズムは20世紀においても（特に植民地からの独立運動において）影響力を保ち，現代に至っている。神話的・人為的な同質性に訴えるものであっても，文化的同質性・共通性に感情的に訴える連帯の政治的イデオロギーには，侮ることのできない政治的力がある。そして福祉国家政策のような，国家単位で社会正義を追求する試みにおいては，ナショナリズムの力が利用されることもある。しかしながら，ナ

ショナリズムには多様性の排除や，排外主義といった危険性もあるので，ナショナリズムを利用すべきかどうかは，慎重な判断が必要になるといえる。

3. ネオリベラリズムの時代

　1960 年にアメリカの社会学者ダニエル・ベルが『イデオロギーの終焉』という著作を発表した。2つのイデオロギーが世界を分断していた時代において，奇妙なタイトルを持つこの著作は，19 世紀から 20 世紀にかけて政治運動を起動していた誇大イデオロギーの時代の終焉を唱えるものであった。つまり少なくとも西洋の先進諸国においては，政治の在り方をめぐるイデオロギー論争の生気は失われたのであり，ラディカルな原理の選択ではなく，妥協的なコンセンサスの政治が主流となったとされた。そのコンセンサスとは「福祉国家の容認，権力の分権化の望ましさ，混合経済体制ならびに多元的政治体制」のみが，現実的な選択となったというものであった（ベル『イデオロギーの終焉』262 頁）。かくして，戦後の福祉国家体制は，民主主義的な権力制御装置を伴うかたちで，普遍的な支持を得ているとされたのである。

　ところがよく知られているように，1980 年代になるとイギリスのサッチャー首相と，アメリカのレーガン大統領の下，福祉国家政策は厳しい批判にさらされ，社会からの国家の退却を求めるネオリベラリズムの政策が，多くの国民の支持を受けながら実行されることになる。ネオリベラリズムの政策パッケージは，しばしば「D−L−P 公式」と呼ばれる。つまり，①規制緩和（deregulation），とりわけ経済に関する規制緩和，②自由化（liberalization），とりわけ商業と産業の自由化，③民営化（privatization），とりわけ国営企業の民営化，という3つの原理の組み合わせである。こうした原理の運用と強く結びつくのが，減税（とりわ

け大企業や高額所得者の減税），社会保障の削減，インフレーション抑制を目指す中央銀行による金利政策，政府の小規模化，生産性や労働力の弾力化の名の下での労働運動の規制，地域的ないしはグローバルな経済統合，といった種々の政策だとされる。

　なぜこのような大転換が，国民の広範な支持を得ながら生じたのか。その理由としては大きくいって2つのことがあげられる。第1にいえるのは，福祉国家的政治の内的矛盾である。すでにみたように，60年代には福祉国家的自由主義に対する強いコンセンサスがあった。実際，70年代頃には「福祉国家の不可避性」と呼ばれるような議論も存在していた。つまり，社会的な富の再分配や，公的セクターを中心とした雇用を生み出す政策は，国民の多数派にとっての利益を生み出すものなので，民主主義の制度が存続するかぎり，福祉国家政策が衰退することはないとされたのである。ところがこの70年代において，福祉国家政策の矛盾が，特にその経済政策において現れてもいた。オイルショック以降，グローバルな規模でスタグフレーションが惹き起こされる状況になると，多くの国が財政危機に陥った。例えばイギリスは，1975年から76年にIMF（国際通貨基金）の救済を受けざるをえない状態となっていた。

　この頃，政治学の分野では「過重国家」という概念が生まれていた。ケインズ型の政策を福祉国家政府が推進していくことで，国民の側により多くの福利への期待を醸成していくことになると，そうした期待は政府の現実的な能力を超えた，過重なものにならざるをえなくなる。そしてこうした期待を政府の側から抑制するのは難しい。なぜなら，選挙による競争関係に置かれている各政党は，より多くの支持者を獲得するために，こうした期待を抑制するよりも刺激するような行動をとらざるをえないからである。さらには，福祉国家体制への依存度を強めた国民の

124

側からも，こうした過重な期待を自発的に抑制する可能性は低くなっていく。

　こうしたディレンマは，現実の経済政策の硬直化と矛盾に現れた。例えば70年代のイギリス労働党政権は，炭鉱労働者に関する政策に関して硬直性（労働者の高賃金の維持や，安価な石炭の輸入禁止等）をあらわにし，経済の悪化を惹き起こすことで財政危機に陥ると，やがて労働組合の期待を裏切る政策を取らざるをえなくなった。結果として労働党政権は，支持基盤である労働組合からの反発を生み，ストライキの頻発を生んだ。かかる状況は労働党政権の政治的正当性を著しく損なうことになり，1979年のサッチャー政権の誕生を許すことになった。そしてサッチャー政権は，ネオリベラリズム的経済政策を進めると，それに反発する労働組合のストライキを実力で阻止することになった。また，この時代における政治的正当性の危機は，学生運動や環境運動といった新しい社会運動によってももたらされていた。巨大な行政国家への批判の意識は，結果として，福祉国家を批判するネオリベラリズムと共振することで，福祉国家の弱体化を加速していった。

　ネオリベラリズムを召喚したもう1つの理由は，冷戦の終わりとそれに続く社会のグローバル化の加速に求められる。ソ連ならびに東欧の共産党政権の崩壊は，自由主義が社会主義に対抗する必要性を減じ，自由主義圏の人びとが剥き出しの自由市場主義（つまり企業の無制限な利益追求）へと向かう傾向性を強化した。そして，経済のグローバル化の推進は，金融市場をはじめとするグローバルな経済動向に対する，国家政府の規制力を事実として極めて深刻な仕方で弱めることになった。企業の多国籍化も，国家政府による経済アクターへの影響力を著しく低下させた。こうした傾向性に加えて，旧共産圏が市場主義を受け入れるようになり，中国のような社会主義国家においても自由市場原理が導入され

るようになると，自由市場原理がますます不可避のものであるように，多くの人びとによって認識されるようになる。つまり行政国家による社会の管理という統治は，時代遅れのものだと映るようになった。

　ネオリベラリズムは一見，単なる古典的自由主義への回帰にみえる。しかし両者のあいだには違いがある。たしかに古典的自由主義は，小さな政府を指向し，自由市場を正当化したが，ネオリベラリズムにおいては，市場の自動調整機能を全面的に信奉することで，可能なかぎりあらゆるアクターを経済的な競争者に，積極的に変えようとする。したがってネオリベラル達は，あらゆる人間関係を競争関係にしようとする傾向をもつ。この点で，社会主義が自由主義のなかに認めた，人間と人間とを疎遠にする傾向が強化されており，それは格差社会の蔓延という仕方で現われているとしばしば指摘される。こうした自然的社会性や連帯の欠如を補うために，ネオリベラリズムは自由主義なら抵抗するような保守的な価値，例えば伝統的な家族主義や宗教的原理主義等と結びつく傾向がある。こうした個人の分断という問題は，ネオリベラリズムのイデオロギーにおいては「自己責任」の倫理として表れる。これは，福祉国家が生み出すとされる依存的な個人を批判するものであり，一種の倫理的な人間観ではあるが，社会関係のなかで人間本性が開花するとする，つまり人間の在り方は容易には認識できない仕方で社会関係のなかにあることを認めるという，ニューリベラリズムがもつ重要な要素に真っ向から対立する考え方である。

　現代国家における政治の基本的原理は，単純化するならば，ネオリベラリズム的志向性と福祉国家的志向性の対抗関係のなかに位置づけられると考えることができる。どちらの志向性を認めるかの程度によって，民主主義の理解も変わっていく。福祉国家レジームの類型論にあったように，どのような民主主義のタイプを採用すべきかという問いに，普遍

的な解答があるわけではなく，その国の歴史的，伝統的事情や，地理的，国際関係的条件に即した判断によってなされるべきものである。政治学の主たる役割は，以上のような価値の志向性の意味や，政治的判断に必要な条件の明晰化にあるといえよう。

参考文献

ウィレンスキー，ハロルド・L（下平好博訳）『福祉国家と平等——公共支出の構造的・イデオロギー的起源』木鐸社，1984 年。

エスピン - アンデルセン，G（岡沢憲芙・宮本太郎監訳）『福祉資本主義の三つの世界——比較福祉国家の理論と動態』ミネルヴァ書房，2001 年。

コンスタン（堤林剣・堤林恵訳）『近代人の自由と古代人の自由　征服の精神と簒奪　他一篇』岩波文庫，2020 年。

齋藤純一・田村哲樹編『アクセスデモクラシー論』日本経済評論社，2012 年。

スコフィールド，フィリップ（川名雄一郎・高島和哉・戒能道弘訳）『功利とデモクラシー——ジェレミー・ベンサムの政治思想』慶應義塾大学出版会，2020 年。

田中拓道『福祉政治史』勁草書房，2017 年。

野口雅弘・山本圭・高山裕二編著『よくわかる政治思想』ミネルヴァ書房，2021 年。

ハーヴェイ，デヴィッド（渡辺治監訳）『新自由主義——その歴史的展開と現在』作品社，2007 年。

橋本努『自由原理——来るべき福祉国家の理念』岩波書店，2021 年。

フリーデン，マイケル（山岡龍一監訳）『リベラリズムとは何か』ちくま学芸文庫，2021 年。

8 | 近代日本政治の歴史的文脈

白鳥潤一郎

《**学習のポイント**》 本章では，近代日本政治の歴史的文脈を考える前提として，歴史的な分析における「継続」と「断絶」の問題に触れた上で，近代国家の建設，膨張する帝国，政党政治の形成と崩壊についてそれぞれ検討する。
《**キーワード**》 近代化，帝国，戦争，政党政治

1. 江戸と明治

　ある事象の歴史的な文脈を考える際，常に問題となるのは「継続」と「断絶」という2つの側面である。

　日本政治も例外ではない。近代日本の始まりを欧米諸国との本格的な接触に置くことには一定の合意がある。その一方で，明治期の様々な取り組みを評価しつつも江戸期からの連続性や近代化の萌芽が江戸期にあったことも強調されるようになって久しい。他国との比較の視座も重要である。「西洋の衝撃」に直面したのは日本だけではないし，欧米諸国に追いつくべく取り組もうと試みたのも日本だけではない。しかし，日本は非欧米諸国として例外的に早く近代国家を建設し，20世紀初頭には列強の一員となった。その理由を，明治に入ってからの取り組みだけでは説明できないだろう。幕末の動乱から維新後の政治は，江戸時代に生まれ，教育を受けた人々が担った。また，黒船来航から王政復古の大号令までには約15年の幕末期があり，大日本帝国憲法（明治憲法）の発布が明治22（1889）年ということからも分かるように，近代国家

の建設には相当の年月がかかっている——本章ではこの点を分かりやすくするために明治期については元号と西暦を併記する。月並みな言い方にはなるが，時代区分は絶対的ではなく相対的なものであり，必要に応じて柔軟に考えるべきであろう。この章では，近代日本を明治維新から第二次世界大戦における敗戦までの時期として検討していこう。

　江戸から明治への変化は大きい。幕藩体制は崩壊し，中央集権的な近代国家の建設が急速に進んだ。しかしながら，それを可能にした条件のいくつかは江戸時代に求められる。

　幕府が対内的には他の勢力を圧倒する力を持ち，厳格な対外関係の統制（「鎖国」）を行うことで安定的な時代が長く続いた一方で，統治の正統性は天皇に由来し，さらに軍事的な革新は止まっていた。外国が幕府を上回る力を見せれば，統治は動揺する。他方で，国内の各藩が幕府を超える力を持たなかったことは，統一の容易さにも繋がる。

　また，長期的に統治が安定したことで江戸前期に日本の人口は倍増し，さらに教育も普及した。幕末の識字率は成年男子で 40～60 ％，成年女子も 10 ％を超えていたと推計されている。これは伝統的な社会では例外的に高い水準であった。学問の面でも，意外なほどに西欧由来の知識や国際情勢の詳細が伝わり，19 世紀前半に様々な思索が深められていたことが近年の研究では指摘されている。加えて，沿岸航路が発展したことで全国規模の市場が成立していたことも重要である。

　欧米諸国で産業革命が本格化し，軍事力を背景としたアジア進出が進むと幕府は徐々に危機感を強めていった。18 世紀末以降，漂流民の帰還や通商を求めて度々来訪した外国船は追い返すことが可能であったが，中国がアヘン戦争（1840～42 年）に敗北するなど，危機は徐々に近づいていた。

　それまでの外国船とは異なる覚悟を持って来航したのが，1853 年，

ペリー（Matthew C. Perry）率いるアメリカの黒船であった。黒船来航によって危機意識は全国に広がり，「尊王攘夷」が旗印となった。産業革命を経て近代化を遂げた西洋諸国の軍事力に対抗するだけの力を持たなかった幕府の統治体制は揺さぶられた。それでも，黒船来航が幕府の統治を直ちに揺るがせたわけではないことは確認しておくべきだろう。幕末の混乱は約15年続いたのである。日本では，清や朝鮮とは異なり，西洋諸国との接触が中央の統治機構レベルの改革に繋がった。

　幕府は日米和親条約をはじめとする諸条約を締結して「開国」する一方で，大胆な改革に着手して西洋の衝撃に対応しようとした。日米和親条約は2つの港を開いたものの，これは厳格な対外関係の管理を意味する「鎖国」と真っ向から矛盾するわけではないと解釈することも可能であった。また，軍事や外交の実務レベル，譜代大名以外の雄藩の政治参加，強力な将軍の擁立に向けた動きなど様々な改革が試みられた。

　しかしアメリカは，次いで通商条約の締結を強く要求し，中国でアロー戦争（1856〜60年）が始まるなど，国際情勢は風雲急を告げていた。こうした中で，徳川慶喜率いる幕府，薩摩（鹿児島）や長州（山口）などの雄藩がそれぞれに「西洋の衝撃」に向き合い，最終的に幕末の混乱は内戦に至った。1868年，王政復古の大号令を1つのきっかけに生じた武力衝突は短期間で収束し，列強も新政府を承認した。

　この過程で，旗印はいつの間にか「尊王攘夷」から「開国」へと変化した。日本政治外交史研究者の北岡伸一は，「尊王とは「統一政権」と読み替えるべきあり，また攘夷とは「対立的独立」と読み替えるべき」であり，「尊王攘夷とは，ナショナリズムの2つの側面を言い表したスローガンであった。……それ［明治維新］はナショナリズムの革命であったのである」と説明する（北岡伸一『日本政治史［増補版］』33頁）。ここで言う「ナショナリズム」は，ネイション（≒国民）とステ

イト（≒国家）を一致させるべきという政治的な主張を意味する。西洋の衝撃を受けた日本は，対外的な独立を国家目標に定めた。それは，内政では近代国家の建設，外交では不平等条約の改正という相互に連関する課題であった。

　なお，イギリスで産業革命が始まり，フランス革命によって国民国家形成が始まったのは 18 世紀末のことである。日本の幕末期には，アメリカでは南北戦争（1861〜65 年）が戦われ，イタリアとドイツはそれぞれ 1861 年と 1871 年にようやく統一した。進んだ欧米と遅れた日本という印象があるかもしれないが，日本で近代化に向けた動きが始まったのは，欧米諸国と比べてそれほど遅いわけではないとも言えるだろうか。

2. 近代国家の建設

　明治新政府の課題は，西洋諸国に対抗し得る近代国家の建設であった。そのためには中央集権体制を確立し，近代的な意味における「国民」の創出が必要となる。そして，近代国家建設を進めることによって，幕末に結ばれた「不平等条約」の改正を達成することが外交課題となった。

　中央集権体制を確立するためには，幕藩体制の下で藩が持っていた権力を中央政府に集中させなければならない。維新後の政治を担ったのは薩長に土佐（高知）と肥前（佐賀）を加えた雄藩出身者である。この四藩主の上奏を機に版籍奉還が行われ，さらに明治 4（1871）年には薩長土 3 藩から差し出された兵力を背景に廃藩置県が実行された。約 2 世紀半続いた幕藩体制は，維新後わずか 3 年半で中央集権的な体制に改められたのである。

　廃藩置県の 3 ヵ月後には，岩倉具視を長とする使節団が長期派遣され

た。新政府発足から間もない時期に，大久保利通や木戸孝允ら維新の中心的指導者を含む政府中枢の多数が参加する使節団は異例と言えよう。明治日本は西洋文明を導入し，国家建設の方向性を探求することにそれだけ真剣だったのである。使節団からの帰国後，大久保が主導する形で殖産興業政策に力が入れられることになった。また，殖産興業政策を進める際に重視されたのは外国資本に頼らないことであった。

　明治新政府は盲目的な欧米追従をしたわけではなかった。開国のきっかけを作ったのはアメリカだったが，維新後の日本にアメリカに劣らず大きな影響を与えたのは西欧諸国である。日本政府が高給で招聘した「お雇い外国人」の多くも西欧諸国の人々であった。また，各国の政治や文化を観察して「良いとこ取り」を目指した。例えば法制面では，憲法は統一ドイツの盟主となるプロイセンをベースにイギリスとの折衷型，刑法と商法はドイツ，民法はフランスの影響をそれぞれ強く受ける形で法典が整備された。

　新政府の力を強化する施策も相次いで実施された。明治6（1873）年には徴兵令が出され，国民全体を基礎とする軍事力建設を目指す方針が明らかにされた。外債に頼らないためには財政基盤を固めなければならない。同年には地租改正も実施され，政府の財政基盤も強化される。そして明治9（1876）年には廃刀令と秩禄処分が実施され，士族階級の特権は剥奪された。こうした施策の一方で，「国民」の創出に向けた西洋文明の大胆な導入も図られていった。電信や鉄道の整備，職業選択の自由や四民平等，学制による国民皆学の実施などによって，急速な近代化が進んだ。

　このような急速な変化は既得権益層や新政府の中枢から排除された層に不満を生み，また人々を戸惑わせた。そして政治路線をめぐる対立も相まって度重なる政変に繋がった。「征韓論」に端を発する政変では政

府中枢の約半数が下野する事態となり，板垣退助を中心とする民権派や西郷隆盛を中心とする士族派が反政府勢力となった。そして，佐賀の乱や西郷による西南戦争といった反乱に繋がったのである。旧士族の力も借りつつ徴兵主体の政府軍は西南戦争に勝利する。これによって士族の反乱は終息したが，戦争の最中に木戸が病没，大久保は翌年に暗殺され，「維新の三傑」は姿を消すこととなった。

　士族の反乱が落ち着いた後，民権派による自由民権運動が高揚すると，国会開設や憲法制定に注目が集まった。大久保没後の政府で中心的な役割を担ったのは肥前出身の大隈重信だったが，西南戦争や殖産興業政策による財政悪化もあって次なる政変が起こる。盛り上がる民権運動を背景に大隈は2年後の国会開設や議院内閣制の導入といった急進的な改革案を提示し，政府部内で反発を招いた。ここに同時期に生じていた北海道開拓使官有物払下げ問題なども絡み，政変が生じたのである。明治14（1881）年10月，政府は大隈を罷免し，さらに明治23（1890）年の国会開設を約束した。以後，伊藤博文らを中心に憲法の起草作業が進められていくことになる。政変の結果，薩長を中心とする藩閥政府も確立する。なお，国会開設を見据えて，政変直後に板垣を総理とする自由党が結成され，翌年には大隈を中心に立憲改進党が結成される。これが戦前の二大政党の源流となる。

　伊藤は明治15（1882）年春から約1年半洋行し，西欧諸国で憲法調査に従事する。そして帰国後，皇室制度や華族制度の整備，内閣制度の制定や文官高等試験実施による官僚制の整備を進めていった。伊藤は初代の内閣総理大臣に就任する。そして憲法は明治22（1889）年2月11日に発布，翌年11月29日に施行された。

　明治憲法の最大の特徴は強大な天皇大権にあった。再び北岡伸一の説明によれば，「天皇は統治権を総攬し，議会の「協賛」を経て立法を行

い，法律を裁可し，文武官僚の組織と任免を行い，陸海軍の編成を定め，これを統帥し，宣戦・講和・条約締結を行い，戒厳を布告し，爵位・勲章その他の栄転を授与し，大赦・特赦を行うという具合で，あらゆる権利を一身に保有することになっていた」（『日本政治史』74頁）。

　このように強大な天皇大権が規定されていたものの，実際に天皇親政が行われたわけではなかった。運用面も含めてみれば，実際の政治にはむしろ立憲君主的な側面が存在していたし，そうであるがゆえに権力の所在が不明確で統合力に乏しいというのが近代日本政治の特徴ともなった。日本国憲法の下では，選挙で選出される衆議院の多数によって政権が成立する。「実力組織」として自衛隊は存在するが，陸海軍のような政治的影響力は持ち得ないし，元老や宮中などのような勢力が影響を持つこともない。こうした戦後の体制と比べれば戦前がいかに割拠的であったかが分かるだろう。図式的にまとめれば，当初は藩閥勢力が，次いで政党が，そして最終的には軍部が政治の中心を担うようになったのである。そのいずれもが矛盾なく成立し得るのが明治憲法体制であった。

　憲法が施行される頃になると，明治初年以来の課題であった条約改正にも一定の目途が立った。

　開国に際して締結された諸条約は，領事裁判を規定し，日本に関税自主権を認めず，さらに片務的な最恵国待遇を定めるなど不平等なものだった。交渉は紆余曲折を辿ったが，西洋型の法典整備や国会開設など近代国家建設が進む中で，明治27（1894）年7月，外国人の内地雑居を認め，領事裁判を撤廃する日英通商航海条約が締結された。発効までにはしばらく時間がかかり，税権回復といった課題は残されていたが，その後類似の条約が各国と結ばれていくことになった。なお，日英通商航海条約の締結は日清戦争開戦の半月前のことであった。

3. 膨張する帝国

　日清戦争に勝利した日本は，明治28（1895）年の下関条約で台湾の領有権を得て植民地帝国としての第一歩を踏み出すことになった。その後，日露戦争を経て朝鮮半島への影響力を強めると共に満洲（現在の中国東北部）へも進出する。明治43（1910）年には韓国を併合，さらに第一次世界大戦後にはドイツが支配していた西太平洋赤道以北の南洋諸島を委任統治下に置くなど，日本の支配領域は拡大していった。

　21世紀の現在，若干の海外領土や自治領は残っているものの基本的に主権国家が世界中を覆っている。主権国家間の平等は国際社会の原則であり，植民地は過去の遺物となっている。これに対して，19世紀から20世紀半ばまでの国際社会は，文明・半開・未開によって国家が区別され，文明国間で成り立つ国際秩序と，文明国とその他の地域の間で成り立つ帝国秩序が並立していた。また東アジアにおける中国を中心とした華夷秩序のような伝統的な秩序もまだら状に広がっていた。

　アメリカによって開国を迫られ，不平等条約の締結に至った日本だが，その一方で自身は従来の東アジア秩序への挑戦者ともなった。国境を画定し，周辺に安定的な国際環境を築くことが重要なのは明治も今も変わらない。その焦点となったのは，前者が清（中国）であり，後者が朝鮮との関係であった。明治初年から，清との間で台湾出兵，琉球処分といった様々な問題が生じていたが，最終的に朝鮮半島をめぐって日清戦争に至り，日本が勝利した。日清戦争における清の予想外の敗戦の結果，列強の中国進出も本格化し，新たな脅威としてロシアも浮上することとなった。そして，日英同盟締結を経て，明治37（1904）年から翌年にかけての日露戦争に辛うじて勝利をしたことで，日本は朝鮮半島における支配的地位に関する支持を列強から取り付けた。ここに，幕末以

来の課題であった日本の対外的な独立は完成した。

　対外的な独立の完成はそれまでの目標達成を意味したが，それは自明であった課題を失ったことも意味する。日露戦争後には朝鮮半島への関与を深め，最終的に明治43（1910）年8月には韓国を併合し，その後は日露戦争勝利によって獲得した満洲権益をめぐる大陸政策が外交の焦点となった。しかし，新たな課題への対応策について政治指導者間で合意があったわけではなかった。結果的に見れば日本は機会主義的に支配領域を拡大させ，列強との関係の舵取りにも苦労するようになった。明治初年から日本は朝鮮半島が第三国に支配されることを恐れて朝鮮の独立を求めていたが，最終的には自らが支配する形となった。また中国をめぐる情勢も，「ワシントン体制」が築かれてそれなりに安定していた第一次世界大戦後の約10年間は存在したものの，列強との潜在的な緊張は続いていた。そして，1931年の満洲事変を経て翌32年3月に傀儡国家「満洲国」を建国，1937年からは日中戦争の泥沼に飲み込まれていく。

　日本は植民地を保有する「列強の一員」となったが，以下の3点が舵取りの難しさの原因となったように思われる。第1は，前述したように当時の国際社会では平等な主権国家間の関係を建前とする国際秩序と帝国秩序が併存していたことである。日本は列強の一員となったものの，朝鮮や中国の国際社会における位置付けは必ずしも定まっていなかった。日清戦争後には列強による中国分割も進み，植民地・租借地・占領地が入り乱れる多元的な状況が生まれた。こうした複雑な現地情勢も相まって，対外政策は綱渡りの舵取りが続くことになった。

　第2は，欧米諸国とは異なり，日本の権益が基本的に自らの周辺地域に限られたことである。日本は自らの対外的な独立達成の延長線上に帝国が膨張した形であり，軍部の影響も大きかった。近隣諸国との関係の

難しさは洋の東西を問わない。地中海を挟んだアルジェリアを植民地支配したことで，第二次世界大戦後のフランスも苦慮することとなった。なお，近隣諸国への植民地支配や侵略は，現在に至る歴史認識問題をめぐる困難にも繋がっている。

　第3は，明治憲法が植民地の保有を想定したものではなかったことである。日本は手探りで植民地統治や権益の管理を進めていくことになる。基本的に憲法発布の時点における支配領域を本土（内地）とし，それ以降に得た領域を植民地（外地）として取り扱うこととなったが，第一次世界大戦後に得た南洋諸島は委任統治領となり，さらに傀儡国家である満洲国の存在など支配の形態は様々であった。

　なお，日本は第一次世界大戦後のパリ講和会議では戦勝国の一員として米英仏伊に並ぶ五大国として遇され，国際連盟の常任理事国となった。しかし，講和会議に際しては自らの権益拡大に関わること以外では発言を控えたために「サイレント・パートナー」と揶揄される始末であった。国際連盟発足後はそれなりに積極的に関与したものの，大陸権益への影響を危惧してアジア地域での活動や集団安全保障体制の強化には消極的な姿勢に終始した。そして，満洲事変への対応をめぐって1933年3月，日本は国際連盟脱退を通告する。

4. 政党政治の形成と崩壊

　最後に時計の針を少し戻して，政党政治の形成と発展そして最終的な崩壊に至る過程を確認することにしよう。

　憲法発布の直後，第2代首相であった黒田清隆は「超然主義」の立場を表明した。超然主義は，特定の党派と組むのではなく挙国一致的な内閣を目指すものであったが，政党は議会をより重視するように主張し，議会を舞台に藩閥政府と政党は鋭く対立した。憲法上，議会の権限は限

られていた。衆議院と対等の貴族院が存在するのみならず，議会の持つ最も重要な権限である予算審議権についても，予算不成立の場合には政府は前年度予算が執行可能となっていた。しかし，実際に議会政治が始まると超然主義を維持することの難しさが目立つようになった。帝国化の影響もあり，権益の維持・拡大を図るためには予算の増額が欠かせなかったからである。藩閥政府は政党との妥協を選ぶようになる。そして藩閥政治家の代表たる伊藤博文は自由党系の政治家と手を組む形で自ら政党を立ち上げる。こうして成立した立憲政友会と，超然主義にこだわる山県有朋を中心とした官僚勢力が政界を二分しつつ，政党政治は政友会の一党優位の形で発展した。

　しばらくこの二大勢力が交代で政権を担う時期（「桂園時代」）が続いた後，1918 年 9 月，原敬の率いる政友会内閣が成立した。原内閣は，陸軍大臣・海軍大臣・外務大臣以外の閣僚全員が政友会員であったことから，初の本格的政党内閣とも言われる。衆議院議員であり爵位を持たず「平民宰相」と呼ばれた原は，強力なリーダーシップで統治機構の政党化を図った。また，総裁就任以前から地方利益の振興に努めることで地盤を強化し，政友会の力を飛躍的に高めた。原政権期には，大陸権益と対英米協調の両立を可能にするワシントン体制も整った。原の暗殺によって政権は 3 年強で倒れるが，明治憲法下では長期政権であり，統治主体としての政党の存在感を高めたことは間違いない。

　原の暗殺後は 3 代の非政党内閣が続いたが，1924 年 6 月から政党内閣の時代が始まることになった。財産制限を課さない男子普通選挙実現を求める世論の後押しも受けて憲政会の加藤高明率いる内閣が成立し，以後 7 代にわたって政党内閣が続いたのである。内閣はいずれも短命であり，さらに 1920 年代末からの国際情勢の大変動への対応を誤って終焉することになったが，それでも明治憲法下で議院内閣制に近い政治を

実現した意義は小さくない（財産等を理由に投票権を差別しない形の男子普通選挙が実施されたのは，1919年のドイツが世界初であった。日本の普通選挙実施は他国と比べてそれほど遅かったわけではない）。

　さて，国際情勢の大変動とは何か。政治面ではワシントン体制の動揺であり，経済面では世界恐慌の発生である。ワシントン体制は日米英3ヵ国の協調が基本的な枠組みであり，中国は従属的な地位に置かれ，革命後のロシア（ソ連）は除外されていた。ソ連の支援も得た蔣介石率いる国民党によって中国は曲がりなりにも統一され，ナショナリズムが高まっていった。その矛先が日本の大陸権益に向かうのは当然だろう。さらにソ連も1920年代末には軍事強国として復活しつつあり，日本の権益は南北から脅かされるようになった。ここに世界恐慌が加わり，ブロック経済化が進む中で日本の対米輸出は大きな打撃を受けた。

　政党政治に止めを刺し，それと入れ替わるように政治的に台頭したのは軍部であった。ワシントン体制下で実施された軍縮は軍部に不満分子を生んでいた。陸軍上層部は軍縮をある程度受け入れつつ軍備近代化を図り，海軍でも当時の指導層は経済力に勝るアメリカとの建艦競争を避けることに意義を見出していたが，陸海軍内部に不満は溜まっていく。国際情勢の変動に対応し，軍部の不満を抑えられる強力な指導者が政党に存在しなかったことが，政党政治を崩壊させる一因となった。

　1931年9月に始まった満洲事変は政党内閣終焉の序曲となった。現地の関東軍が独走する形で始まった事態を政府は押さえられず，事態は拡大していった。そして翌32年5月，「五・一五事件」が勃発し，犬養毅首相は暗殺されてしまう。ここに政党内閣の存続は難しいとして穏健かつ親英米派の海軍軍人を首班とする挙国一致内閣が成立する。政党政治は一時的に停止させられた形であり，以後も政党は閣僚を出し続けたが，最後まで権力の中心に返り咲くことはなかった。

　なお，満洲事変から日本の敗戦までを「十五年戦争」とする見方もあるが，これはミスリーディングであろう。確かに国際連盟からの離脱といった事態は生じたが，英米仏などの列強は満州国を承認しないまでも日本との決定的な対立は回避した。また日中間でも1933年5月に停戦協定が結ばれるなど，満洲事変によって全面戦争に至ったわけではなかった。さらに，1936年5月には交換する外交使節を公使から大使に格上げするなど，日中関係には進展も見られた。中国内部も一応は国民党が政権を握っていたものの，共産党も勢力を伸ばしており，両者の統一戦線は組まれていなかった。

　その意味では1937年7月からの日中戦争が決定的であった。当時の近衛文麿内閣は，偶発的な局地戦を収拾できず，逆に自ら外交交渉による解決の道を閉ざしてしまった。中国でも国共合作が成立して日本という共通の敵に立ち向かう基盤ができる。日中戦争が泥沼化する中で日本は戦線を拡大し，国内では総動員体制が築かれ，政党は解散して大政翼賛会が発足する。この間アメリカとの対立が決定的になり，ヨーロッパ情勢が風雲急を告げる中で日本はドイツに接近していった。他にも事態を打開する様々な対外的な試みや国策を統合するための機関設立も試みられたが，いずれも場当たり的であった。そして1941年12月，真珠湾への奇襲攻撃とマレー作戦によって日本は対米英戦争を開始する。ここに第二次世界大戦は文字通りの世界大戦となったのである。なお，石油禁輸等によって日本が開戦に追い込まれたことを強調する見方があるが，アメリカの態度硬化は日本の拡張主義的な政策ゆえであるし，開戦の帰結が敗戦であることと併せて考える必要があるだろう。

　開戦時に日本が置かれていた国際環境は極めて厳しいものであった。中国との戦争は4年を超えて泥沼化し，北方の脅威であるソ連との間では中立条約が辛うじて存在していたものの，安定的とは言い難い状況で

あった。経済面でも日中戦争が始まる 1937 年がピークであり，様々な物資の安定的な供給は脅かされていた。こうした状況で日本は米英両国との全面戦争を開始したのである。軍部が力を握る中で軍事的合理性のない戦争に突入した日本は，開戦当初こそ優位に立ったものの，それも半年ほどしか続かなかった。

　結局のところ戦前の日本政治は，近代国家の建設を担った元勲が去った後に，国際情勢を的確に分析し，国策を総合する政治的リーダーシップの確立を果たせなかった。権力の所在が不明確で統合力に乏しい憲法の下で，当初は藩閥勢力が，次いで政党が力を得て利害調整を行った。1920 年代まではそれがある程度上手くいったものの，政党が力を失い，代わって軍部が政治の中心を担う段階に至る。戦時には協力したかつての藩閥や政党とは異なり，軍部は内部対立を抱えたままに，勝利の見通しはもちろん，いかなる形で戦争を終わらせるのかについて確かな見通しもないままに戦争に突入したのである。

　敗戦を受け入れるにあたって最後に大きな役割を果たしたのは天皇である。戦況が悪化し，本土が度重なる空襲や艦砲射撃に晒されるようになっても日本政府は降伏の意思を示さなかった。1945 年 8 月 6 日，アメリカは広島に原子爆弾を投下する。次いで 9 日未明にはソ連が中立条約を破る形で対日参戦，同日には 2 発目の原爆が長崎に投下された。ここに至ってようやく降伏受け入れに向けた臨時閣議が開催されるが意見はまとまらず，天皇臨席の「御前会議」が開催されることになった。2 度にわたって開催された御前会議は意見が割れ，いずれも天皇の「聖断」によって降伏が決定された。

　「聖断」は天皇が自らの意思を積極的に示した例外的な事態であったにせよ，戦争を終わらせられるのであれば，開戦を防ぐこともできたのではないかという見方も可能である。しかし，明治憲法は強大な天皇大

権を規定する一方で立憲君主的な側面も存在しており，一義的に天皇の役割を説明するのは難しい。いずれにせよ，強大な天皇大権を定めた明治憲法を持つ近代日本は，天皇自身によって事実上の幕を閉じられることになったのである。

参考文献

五百旗頭薫・奈良岡聰智『日本政治外交史』放送大学教育振興会，2019 年。

川島真・服部龍二編『東アジア国際政治史』名古屋大学出版会，2007 年。

北岡伸一『日本政治史──外交と権力 [増補版]』有斐閣，2017 年。

清水唯一朗・瀧井一博・村井良太『日本政治史──現代日本を形作るもの』有斐閣，2020 年。

波多野澄雄編著『日本外交の 150 年──幕末・維新から平成まで』日本外交協会，2019 年。

三谷太一郎『日本の近代とは何であったか──問題史的考察』岩波新書，2017 年。

簑原俊洋・奈良岡聰智編著『ハンドブック近代日本外交史──黒船来航から占領期まで』ミネルヴァ書房，2016 年。

9 | 現代日本政治の歴史的文脈

白鳥潤一郎

《学習のポイント》　本章では，現代日本政治の歴史的文脈を主として外交の側面から検討する。敗戦国として出発した日本は独立後約20年周期で重点的な外交課題を変化させてきた。岐路に立つ現在に至る戦後日本外交について，外交課題の変遷という観点から理解を深める。
《キーワード》　敗戦国，冷戦，経済大国，冷戦後，力・利益・価値

1. 敗戦——近代日本の帰結，現代日本の起点

「現代」という時代の起点をどこに置くかは国や地域によって異なる。

西欧諸国を中心とする西洋世界では，長きにわたって第一次世界大戦にその起点が置かれてきた。1500万人を超える死者を出しただけでなく，ドイツをはじめ敗戦国となった3つの帝国が崩壊し，さらに大戦中にはロシア革命が生じた。戦勝国側でも，栄華を誇ったイギリスに翳りが生じ，アメリカが台頭するきっかけとなったことも重要であろう。

かつて植民地が広がっていたアジア・アフリカ諸国の多くにとっては独立の持つ意味が大きい。とはいえ独立の時期は様々であるし，かつて日本の植民地であった韓国や台湾のように独立後に権威主義体制が長く続いた国にとっては，民主化も重要な時代の区切りとなった。

現代日本の起点は，第二次世界大戦の敗戦であろう。大戦末期の空爆や艦砲射撃によって日本本土には焦土が広がり，朝鮮半島や台湾など植民地も失った。大日本帝国は強制的に解体され，連合国軍によって日本

は占領された。占領下では，日本国憲法の制定をはじめとして多方面で様々な改革が行われた。「戦後」も75年以上が経過し，この間には様々な変化や衝撃的な出来事はあったものの，その後に与えた影響の大きさを考えれば，やはり現代日本の起点は敗戦にあったというのが広く共有された理解であろう。

　江戸と明治と同じように，戦前と戦後にも連続する側面は存在する。憲法上の位置付けは変わったものの天皇制は残され，「開戦の詔勅」を発した昭和天皇は在位し続けることになった。軍部は解体されたが，その他の官僚組織は基本的に温存された。また，社会や経済に着目すれば，占領期と同程度に高度経済成長期の変化やインパクトが大きかった側面もある。前章でも述べたように，時代区分は絶対的なものではなく相対的なものであり，必要に応じて柔軟に考えるべきであろう。

　このような理解を押さえた上で，本章では外交面を中心に，主要な政策課題の変化に注目する形で現代日本政治の歴史的な文脈を素描したい。内政については，戦前と戦後の「断絶」が色濃いのが内政よりも外交という事情に加えて，第11章以下の各章で詳細に言及されているので，そちらを参照して欲しい。自立的な国家を目指して帝国を築いた戦前とは異なり，戦後の日本は，非武装規定を抱えた憲法を持ち，そして外交の基軸は一貫して日米関係に置かれていた。その意味で現代日本は，戦前のような国家主義（ナショナリズム）に支えられた国家ではなく，基本的に国際主義（インターナショナリズム）を旨とする国家であったと言えるだろう。とはいえ，国際主義が基調であったとしても，国際社会の中での位置や外交政策の重点は移り変わっている。本章を通じて，主に対外的な側面との関係から現代日本政治の歴史的な文脈を探っていこう。

2. 「敗戦国」から「経済大国」へ

　敗戦後の日本で政治指導を担ったのは，国際経験豊かな外交官出身者であった。占領の形態は直接統治ではなく間接統治になったとはいえ，占領下ではGHQ（連合国軍総司令部）との関係が全てを左右するといっても過言ではない。敗戦受け入れのための異例の皇族内閣が退陣した後には，戦前の政党内閣期に外相を務めた幣原喜重郎が首相に就いた。その後は幣原内閣で外相を務めていた吉田が後を継ぎ，吉田内閣が倒れた後の中道内閣では，芦田均が外相・首相を歴任する。そして，再登板した吉田の下で日本は独立を果たした。焦土となった日本は，国際感覚豊かな外交官出身者に率いられ，その針路を定めたのである。

　1951年9月，日本はサンフランシスコ平和条約と日米安全保障条約を締結した。翌52年4月の平和条約発効によって日本は主権を回復し，国際社会に復帰した。日本の独立に大きな影響を与えたのは冷戦の勃発である。1947年5月に施行された日本国憲法は，第9条第2項に非武装規定を持っていた。その際に前提となっていたのは，第二次世界大戦中の連合国を中心とした大国間関係の安定であり，連合国を母体とする国際連合の集団安全保障体制が機能することであった。しかし，日本国憲法施行の前後から，米ソ両超大国による冷戦が本格的に始まりつつあった。1950年6月には朝鮮戦争が勃発するなど，東アジア地域にも冷戦の舞台は拡大した。冷戦の開始によってアメリカの対日政策は変更され，冷戦を共に戦う「ジュニア・パートナー」としての日本の育成が急務となった。

　このような状況で早期に講和を達成するための選択肢は限られている。また，占領下で外交権が停止されている日本は「交渉」ではなく「協議」の対象でしかなかった。ソ連は講和会議には参加したものの平

和条約調印を見送ることになり，日本は西側陣営の一員として国際社会に復帰する形となった。そして，占領軍（当時は「進駐軍」と呼ばれた）は在日米軍として引き続き日本に駐留した。講和は達成されたがそれは冷戦の一陣営に属する形であり，平和条約と併せて締結された日米安保条約は様々な不平等性を抱えた駐軍協定としての色彩が強かった。吉田が独自性を発揮したのは，本格的な再軍備要求には応えず，日本を軽武装に留めたことにあったと言えよう。

　講和に向かう過程で日本国内では知識人を中心に全面講和論も唱えられた。日本国憲法の精神を尊重し，冷戦下でも中立を守ることによって「平和国家」として日本を再生させようという思いは一定の広がりを見せたが，吉田の選択はあくまでも西側陣営の一員であった。講和に向けた超党派外交も模索されたが，結局それも保守勢力内に留まった。そして1955年11月，敗戦直後から離合集散を繰り返していた保守勢力が合同して自由民主党が発足し，その後長きにわたって政権を担うことになった。明治憲法とは異なり，日本国憲法の下では衆議院の多数を押さえれば政権は成立する。衆参両院の多数を押さえた自民党は派閥連合政党という性格が強かったものの，一党優位体制が定着していく。なお，自民党発足の前月には左右に分裂していた日本社会党も再統一し，後に「55年体制」と呼ばれる政党政治の構図が生まれた。西側陣営の一員ながら国内に外交路線をめぐる大きな対立を抱え込んだことは冷戦期を通じた日本政治の特徴であり，形を変えながらもその影響は現在まで続いている。

　講和によって主権は回復したものの，残された外交課題は少なくなかった。日本は講和後の約20年間にわたって「戦後処理」を外交の主要課題とすることになった。第8章で見たように，明治維新後の日本外交の主要課題は条約改正にあったが，戦後処理は戦後版の条約改正外交

とも言えるだろうか。そして，この過程を通じて主要国へのキャッチアップが図られることになった。

　講和後も引き続き政権を担った吉田の最重要課題は「再軍備」であった。アメリカと公職追放を経て政界に復帰した鳩山一郎らは本格的な再軍備を主張し，他方で日本社会党を中心に非武装を求める声も強かった。その間に位置した吉田の選択は再び軽武装であった。吉田政権末期の1954年7月，防衛庁・自衛隊が発足し，小規模ながら完結した自衛力を目指すという方向性が定められた。

　吉田を追い落として政権の座に就いた鳩山は日ソ国交回復を実現した。短期に終わった石橋湛山内閣の後を継いだ岸信介は，強引な政治手法に反発を受けながらも不平等な側面の強かった日米安保条約を改定に導いた。「国民所得倍増計画」で記憶されている池田勇人は，「先進国クラブ」とも呼ばれた経済協力開発機構（OECD）加盟を実現する過程で対日貿易差別撤廃に注力した。これは高度経済成長の国際的条件を整備し，日本の国際的地位の向上に繋がるものであった。そして約7年8ヵ月の長期政権を担った佐藤栄作は，ベトナム戦争が泥沼化する中で沖縄の施政権返還を実現した。

　このように各政権が担った「一内閣一課題」を並べることで，講和後約20年間の外交を見通すことが可能となる。沖縄返還の4ヵ月後に実現した日中国交正常化は戦後処理の課題だが，「一内閣一課題」ではない。この頃から外交課題は多元化し，その重点も変化していったのである。

　戦後処理外交は，講和で残された課題への対応であり，それらの課題を法的に処理することを通じて国際社会に本格的な復帰を果たすことであった。その意味で現在まで残されている戦後処理の大きな課題は，北朝鮮との国交とロシアとの領土問題の2つのみである。沖縄の施政権返

還と日中国交正常化を相次いで実現した 1972 年に，敗戦国として戦後処理を主要な外交課題とした時代は終わりを告げた。なお，第二次世界大戦の敗戦国であることに由来する問題は現在でも様々な形で残されているが，その多くは歴史認識問題など基本的に法的側面を超える課題となっている。

　この間，保革対立は安保改定時にピークに達したが，続く池田と佐藤が政権発足後早々に改憲の棚上げを表明し，さらに社会党が野党路線に傾く中で野党の多党化が進んだことで，外交は自民党と関連省庁の間における調整に委ねられる形となった。国交の無い状況では野党の議員外交が果たす役割も少なくなかったが，国交正常化が現実味を帯びるとその主役は自民党に代わっていった。憲法第 9 条と日米安保条約が並び立つ状況は固定化され，国会での論戦も具体的な外交課題ではなく理念的なものが中心となっていった。

　敗戦から約四半世紀をかけて戦後処理を概ね終えた日本は，経済の側面に限定する形ではあったが，国際社会の様々な問題に主要国の一員として関与するようになった。図式的にまとめれば，当初は国際経済秩序の動揺への，次いで貿易摩擦への対応とそれに伴う様々な負担分担が主要課題となった。これらはいずれも日本が「経済大国」であるがゆえに生じた問題であり，日本が担うことになったのは国際経済秩序の「共同管理者」とも言うべき役割であった。

　高度経済成長に邁進する中で，日本は気が付けば敗戦国から経済大国へと変貌を遂げていた。1968 年には西ドイツを抜いて西側陣営第 2 位の GNP（国民総生産）を持つに至った日本が直面したのは，自らの経済成長の前提となっていた国際経済秩序の動揺である。

　安定した国際通貨体制と開放的な貿易市場は，敗戦と冷戦の開始によって中国大陸という巨大な市場を失った日本が，経済中心主義を採っ

て高度経済成長に邁進することを可能とする前提であった。また，国内に石油資源をほとんど持たない「資源小国」である日本にとって，石油が安価かつ安定的に供給される状況は極めて好都合であった。しかし，ニクソン・ショックで端的に示されたように通貨体制は揺らぎ，安価で安定的に供給される石油は2度の石油危機で明確となったように過去のものとなった。さらに，1970年代半ば以降は各国と貿易摩擦が深刻化していった。日本は，一連の危機に主要国の一員として対応することを迫られた。

これらの危機への対応を通じて，アメリカ主導の国際経済秩序は先進国間協調体制に再編された。その象徴的な舞台となったのが，1975年に始まったサミット（主要国首脳会議／先進国首脳会議）である。通貨問題を皮切りに，マクロ経済政策の協調や第二次石油危機時の石油輸入量制限など主要議題を変えつつも年1回の首脳会合が定着した。経済面に関わる範囲に限定されていたものの，国際秩序の維持に相応の責任と負担を引き受けることが日本外交の課題となったのである。

1970年代後半から日本は，日米間を中心とする主要国との貿易摩擦に苦慮した。1980年代半ばから1990年代前半にかけて，米国を中心に様々な「日本異質論」が喧伝されたように，各国との摩擦の背景には「台頭する経済大国」への漠然とした不安も存在していた。

中小国であれば，既存の秩序を前提としてその範囲内で自国の利益を最大化することも可能である。だが，西側陣営第2位の経済力を持つ日本がそのような行動を取れば，他国から警戒されるだけでなく，開放的な貿易市場そのものが揺らぎかねない。それゆえ日本は，経済力を外交資源に転化させることよりも，その経済力がもたらす主要国の警戒感や摩擦を和らげることに外交資源を費やすことになった。一般には日米間の摩擦の印象が強いかもしれないが，西欧諸国との摩擦も深刻だった

し，アジアの多くの国にとっても日本は最大の貿易相手かつ援助国で
あった。

　貿易摩擦への対応を通じて，各政権は，国内調整に苦慮しつつも市場
開放や非関税障壁の撤廃といった取り組みを断続的に進めていった。特
に深刻だったアメリカとの摩擦は，前例のない大規模な二国間協議であ
る日米構造協議に発展し，日本社会にも大きな影響を与えた。アメリカ
の要求には理不尽や言いがかりと捉えられるものも少なくなかったが，
他方で，国際経済秩序の混乱や貿易摩擦への対応が，国内の改革を進め
るための「外圧」として利用された側面も押さえておくべきだろう。高
度経済成長が終焉し，国際経済秩序の混乱が続く中で赤字国債の発行は
常態化し，非効率な公共部門の改革や日本経済のさらなる競争力強化が
課題となっていたからである。現在に至るグローバル化への対応は
1980年代初頭以来続いている課題とも言えよう。

　以上のように日本は，まず戦後処理を主要課題とし，次いで経済面で
一定の役割を担うようになった。もちろん，この簡単なスケッチから抜
け落ちる側面は存在する。例えば東南アジア地域では，賠償や経済協力
を梃子に日本は独特の役割と存在感を持った。独立後も戦乱が続いた同
地域で日本が担った役割は「開発」という文脈から説明されることもあ
るが，「開発」は同時にアメリカが重視した「冷戦」の文脈を補完する
ものでもあった。

　また，核不拡散条約（NPT）の調印・批准や集団的自衛権に関する
政府解釈の明確化，武器輸出三原則の定式化といった1970年代におけ
る平和主義の政策化は，冷戦後の日本外交にも大きな影響を与えた重要
なものである。とはいえ，日本の取り組みはアメリカの意向と大きく対
立するものではなかったし，同時に「防衛計画の大綱」や「日米防衛協
力のための指針（ガイドライン）」の策定など防衛政策の体系化が図ら

れていた。

　いずれにしても日本は，経済面では一定の役割を担いつつも，アメリカのジュニア・パートナーとして冷戦期を歩んだのである。そしてこの間，1955 年の保守合同以来，政権は一貫して自民党が担っていた。

3. 冷戦後の日本外交──「価値」をめぐる模索

　1989 年夏からの東欧革命が号砲となり，冷戦構造は音を立てて崩れていった。同年秋にはベルリンの壁が崩壊し，年末にはマルタ会談で米ソ両首脳によって冷戦終結が謳われ，翌年秋にはドイツ統一，そして1991 年末にはソ連が崩壊した。

　冷戦終結期の日本が直面していた最大の外交課題は，日米貿易摩擦への対応であった。その際，難しい国内調整を担ったのは当時の自民党最大派閥の経世会（竹下派）である。経世会は，最大派閥であるだけでなく，各領域で有力な族議員を多数抱え，理念よりも利害調整を優先するスタイルで圧倒的な影響力を誇った。

　経世会を率いた竹下登は，5 年間の長期政権を率いた中曽根康弘の指名を受ける形で 1987 年 11 月に首相に就任した。この当時，自民党は衆参両院で圧倒的多数を握り，かつての激しい派閥抗争も鳴りを潜め，ほぼ総主流派体制となっていた。最大派閥を率いて党内基盤も盤石だった竹下には本格政権が期待されたが，リクルート事件によって「政治とカネ」の問題が浮上したことで実際にはわずか 1 年半で政権を手放すことになった。そして衆議院の選挙制度改革を柱とする「政治改革」に日本政治は翻弄されていく。政治改革をめぐって経世会は分裂し，さらにそれは自民党の分裂に繋がった。1993 年 6 月の総選挙で単独過半数を失った自民党は下野し，非自民非共産の連立政権が発足する。翌 94 年 6 月，自民党はかつての仇敵である社会党と手を組むことで政権を奪還する

が，単独政権ではなく連立政権が日本政治の新たな常態となった。連立の枠組みは定まらなかったが，1999年10月から自民党と公明党の二党連立が成立したことで1つの安定した形を得た。その後，2009年9月には民主党を中心とする連立政権が発足するも，2012年12月の総選挙で敗北し3年強で政権を失った。その後は再び自公連立となった。

　こうした平成時代の政治の展開は冷戦が終わったがゆえに生じたと言えるだろう。派閥連合政党だった自民党の歴史を振り返れば党分裂の危機は定期的に生じていた。しかし，冷戦下で自民党が野党に転落すれば自由主義経済そのものが揺らぎかねず，アメリカはもちろん財界の支持も得られなかったことで大規模な分裂はその都度回避された。経世会の分裂は派内の人間関係によるところが大きいが，それが最終的に自民党の分裂に繋がったことは冷戦下で存在していた自民党の求心力が低下していたからだろう。他方で，冷戦の終焉は「中立」の持つ魅力を失わせ，野党の掲げる外交政策から説得力を奪うことになった。例外的な政策はもちろんあるものの，政権交代によって外交政策が大きく転換されることはなく，むしろ従来の政策は追認されることになった。なお，非自民政権で中核を担ったメンバーの多くは自民党からの離党者であった。

　激しい貿易摩擦が続く中で，冷戦下で形成された日米同盟は「漂流」しているとも言われた。政界再編の真っただ中にあった1994年2月，貿易に関する数値目標をめぐって日米首脳会談が「決裂」したことは関係者に大きな衝撃を与えた。そして同時期には朝鮮半島核危機が深刻化していたが，この事態に対して日本が協力するための法制度が整っていないことが明らかとなった。この後，事務レベルで粘り強い交渉が進められ，96年4月の日米安保共同宣言に結実する日米安保再定義を経て，日米両国の同盟関係は深化することとなった。日米同盟は「アジア太平

洋地域において安定的で繁栄した情勢を維持するための基礎」と位置付けられた。そして，この頃にはバブル崩壊によって日本が経済的に苦境に陥る一方でアメリカ経済は復調し，経済摩擦もようやく落ち着きつつあった。日米安保再定義は冷戦後に日米基軸を再確認するものであった。

　外交路線の再確認に加えて，冷戦の終結前後から新たな外交課題として「価値」に関わる問題が浮上した。それまで日本の対外関与は経済，すなわち「利益」に関わる問題が中心であったが，一転して冷戦後は「価値」をめぐる様々な模索が続けられることになった。

　冷戦後の日本外交を方向づける「原点」となったのは，1990 年夏からの湾岸危機，そして翌年の湾岸戦争である。フセイン（Saddam Hussein）大統領率いるイラクが突如クウェートに侵攻し，併合を宣言したことで始まる危機は，アメリカを中心とする多国籍軍の介入という湾岸戦争に繋がった。米ソ両超大国の対立構造が揺らぐ中で行われたイラクのクウェート侵攻に国際社会がいかに対応するかは，冷戦後の国際秩序の行方を左右するものであった。湾岸危機・湾岸戦争を通じた日本の貢献は決して小さなものではなかった。日本の戦費負担はサウジアラビアとクウェートに次ぐものであり，さらに紛争周辺国への 20 億ドル供与等を含めて日本の拠出額は最終的に 130 億ドルを超えた。また，米軍の湾岸地域への展開にあたって在日米軍基地は後方支援の拠点として重要な役割を果たした。日本は国連安保理決議の採択を待たずに独自の経済制裁措置を採るなど初動は素早かった。だが，湾岸戦争は「外交敗戦」として記憶されることになった。

　日米間のギャップは危機発生当初から大きかったし，自衛隊派遣に関する国連平和協力法案は廃案となり，日本の人的貢献は戦闘終了後の掃海部隊派遣に留まったからである。経済以外の国際的な危機にどのよう

に向き合うか，政府のみならず与野党の政治家，国民のいずれもが右往左往することになった。この湾岸戦争の「教訓」が，カンボジア和平後のPKO（国連平和維持活動）以降の国際安全保障への参画に繋がった。その後，PKOは日本の国際安全保障参画の柱の1つとなった。難民救援や国際緊急援助隊なども含め，自衛隊の海外での活動は広がっている。「付随的な業務」とされてきた海外任務は，2007年1月の防衛庁の省昇格に際して本来任務に位置付けられることになった。ただし，その後国連が平和維持活動の定義を変更したにもかかわらず，日本の法体系や議論が従来のままになっているという問題が生じており，2017年5月に南スーダンから部隊を撤収して以降，日本のPKO参画は司令部要員のみの状況が続いている（2021年9月現在）。

　2001年9月11日にアメリカで発生した同時多発テロ（9・11テロ）を機に，「対テロ戦争」への対応も新たな外交課題として浮上した。アメリカ主導で進められた「対テロ戦争」の中でもとりわけ難しい対応を迫られたのは，2003年3月に始まるイラク戦争である。9・11テロを引き起こした勢力とイラクのフセイン政権との関係は明確ではなかったし，大量破壊兵器開発問題についても査察継続を退けて開戦に踏み切るだけの説得力があるとは言い難かったが，小泉純一郎首相は開戦直前に武力行使への支持を明言した。自衛隊のイラク派遣にあたっては多国籍軍への参加の是非に議論は集中したが，日本が担ったのは施設部隊を中心とする人道復興支援であった。また，アフガニスタンに関しても復興支援国際会議を2002年1月に東京で開催するなど，復興支援に力が入れられた。日本の「対テロ戦争」への協力は，1990年代初頭以来の国際安全保障への参画の一環とも言えよう。

　国際安全保障への参画と並行して進められたのがODA（政府開発援助）の刷新である。日本のODAは東南アジア諸国への賠償を源流とす

る。賠償が完了した国から順次経済協力に切り替えられていった他，韓国は当初から賠償ではなく経済協力という形であり，中国に対しては国交正常化後一定の期間を置いて円借款が始まった。地域的にもアジア諸国に偏りがあった。援助の形は徐々に多面的になっていったものの，統一的な方針を持たず，基本的には個々のプロジェクトを積み重ねていく形式であり，またインフラ支援への偏りも指摘されていた。

　冷戦期における日本の援助のもう1つの特徴は，人権や民主主義といった普遍的な「価値」が重視されていなかったことである。大規模な虐殺を伴った9・30事件後のインドネシアの開発体制を支え続けたことや，光州事件を引き起こした韓国の全斗煥政権に対して大規模な経済援助を供与したことなどが象徴的である。1989年6月に発生した天安門事件への対応が画期となった。中国政府が民主化運動を武力で鎮圧する事態が発生すると，当初は制裁措置に慎重な態度を示しつつも，その後は欧米諸国と軌を一にして対中円借款の凍結を決めたのである。

　そして，1992年6月には，「政府開発援助について，内外の理解を深める事によって幅広い支持を得るとともに，援助を一層効果的・効率的に実施する」ことを目的に，人道的見地への配慮，国際社会の相互依存関係の認識，環境の保全を理念として掲げ，「開発途上国の離陸へ向けての自助努力を支援すること」を日本の援助の基本と位置付けるODA大綱が策定された。ODA大綱は2003年7月に「平和構築」と「人間の安全保障」への取り組みを含む形に改定され，さらに2015年には，ODA大綱を発展的に改定する「開発途上地域の開発を主たる目的とする政府及び政府関係機関による国際協力活動」に関する開発協力大綱が策定された。

　なお，1993年10月には，第1回のTICAD（アフリカ開発会議）が開催された。その後，2019年までに6回の首脳会合が開催されるなど，

TICAD は日本の対アフリカ外交の柱となっている。冷戦期の日本の取り組みを，経済成長を優先する「開発」それ事態に価値を見出すものと評価することはもちろん可能だが，いずれにせよ冷戦後に ODA は「価値」の面でも地域の面でもより普遍的なものを目指す方向に刷新されたのである。こうした取り組みは，橋本龍太郎政権期の「ユーラシア外交」などと併せて，日本外交の地平をグローバルなものへと広げるものと言える。

　国際安全保障への参画，そして ODA の刷新と並ぶ新たな外交課題として歴史認識問題が本格的に浮上したのも冷戦後である。歴史認識問題は，共にアメリカの同盟国である隣国の韓国との国交樹立交渉に約 15 年の歳月を費やすことになったことからも分かるように，元植民地帝国かつ敗戦国の日本にとって，とりわけ難しい問題の 1 つである。冷戦後の日本外交にとって歴史認識問題は避けて通ることができない困難な課題となった。

　端緒となったのは，高校の歴史教科書の検定に際して，文部省がアジア諸国への「侵略」を「進出」に書き換えさせたと報道されたことをきっかけとする 1982 年の教科書問題である。この問題は 1986 年にも再燃した。また 1985 年には，中曽根康弘首相の靖国神社公式参拝をめぐって日中関係は動揺を見せた。とはいえ，後から振り返ってみれば，1980 年代の歴史認識問題は散発的なものに留まり，近隣諸国との二国間関係全体を規定するようなものではなかった。

　歴史認識問題が拡大したのは，1990 年代に入って韓国との間で「慰安婦」問題が本格的に浮上したことによる。日韓両国は 1965 年の国交樹立の際に，請求権について「完全かつ最終的に解決されたこと」を確認しているが，韓国の民主化は軍事政権下で締結された日韓基本条約を含めて過去を問い直すことに繋がり，紆余曲折はあったものの韓国政府

も日本に対して「賠償」を求める方針を打ち出すことになった。請求権に「例外」を認めることは，その拡大に繋がりかねないものであり，日本政府としては受け入れ難いが，宮澤喜一，非自民連立政権の細川護熙，自民・社会・さきがけ連立政権の村山富市とリベラル色の強い首相が続く中で，「慰安婦」問題をはじめとする歴史認識問題への取り組みが進められていった。

　1995年夏，7月にはアジア女性基金が発足し，8月には植民地支配と侵略を認め，「痛切な反省」と「心からのお詫び」を表明する村山談話が発表された。村山談話には，歴史認識問題を紛糾させる側面があったことも確かだろう。とはいえ，「慰安婦」問題は東南アジア諸国やオランダとの間にも存在し，イギリスとの間では戦争捕虜問題，アメリカとの間でもスミソニアン博物館での原爆投下機「エノラ・ゲイ」展示をめぐる問題など，当時歴史認識問題が広がりを見せていたという事情も考慮すれば，戦後50年の節目に日本政府の認識について閣議決定を経た総理大臣談話という形で発表したことに一定の意義は認められよう。村山談話はその後の各政権でも踏襲されている。またアジア女性基金の取り組みを経て，韓国以外の国との間では「慰安婦」問題はほぼ解決することになった。本来，異なる国家の歴史認識が完全に一致することはあり得ない。それゆえ，歴史認識問題の解決は難しい。日韓間を中心に歴史認識問題はくすぶり続けている。

　以上のように，新たな課題として外交資源の多くが割かれたのは「価値」の体系に関わる問題であったが，経済摩擦は1990年代半ばまで一貫して日米首脳会談の最重要項目であったし，アジア金融危機や世界金融危機への対応，21世紀に入ってからの経済連携協定（EPA）の取り組みなど，「利益」の体系に関わる問題も引き続き重要な外交課題であった。さらに，気候変動問題をはじめとする地球規模課題への取り組

みも進められた。重要なことは，新たに浮上した政策課題に対応するために重点が変わっても，それ以前から取り組んできた課題がなくなるわけではないということである。それゆえに，国力が相対的に低下しても国際場裏で求められる役割は増加することになる。公務員の定員抑制が続く状況で例外的に外務省が増員を続けていることや，防衛庁の省昇格，国家安全保障会議創設といった施策の背景にはこうした事情も存在している。

4.　日本外交の岐路？

　2010年に中国はGDP（国内総生産）で日本を抜いて世界第2位の経済大国となった。中国の経済成長それ自体は，巨額の円借款を供与し，WTO（世界貿易機関）加盟を後押しした日本にとっても，1970年代初頭の米中接近から関与政策を続けてきたアメリカにとっても基本的に望ましいものである。問題はかつての台頭する経済大国・日本とは異なり，中国がその経済力を軍事資源や外交資源に積極的に転化していることにある。南シナ海と比べればまだ安定はしているものの，2010年前後から尖閣諸島周辺での軍事的な緊張も高まっている。さらに，サイバーや宇宙といった新たな領域での活動も活発となっている。

　英米両国をはじめとする欧米諸国の政治的な混乱やロシアの攻勢も相まって，世界では気が付けば異質な国家間のグローバルな相互依存が常態化するようになった。「冷戦後」や「ポスト冷戦期」と呼ばれた時代は明確な自画像を描き出すことなく過去のものとなったと言えよう。日本に目を向ければ，「失われた20年」を経て，「非欧米諸国で唯一の経済大国」というある種特権的な地位を失ったことも大きい。アジア諸国との関係性も，かつての「アジアと日本」から「アジアの中の日本」へと変容した。

　相対的な国力が低下する一方で，安全保障環境の悪化もあって，2010年前後から「力」に関わる課題が新たに向き合うべきものとして浮上した。安全保障環境の悪化を客観的に示すのはなかなか難しいが，ここでは1つの指標として航空自衛隊のスクランブル（領空侵犯のおそれがある場合に備えた緊急発進）の回数を紹介しておこう。ソ連が極東地域における活動を活発化させていた新冷戦期にスクランブルの回数は一度ピークを迎えたが，その後はソ連の崩壊もあって低下の一途をたどっていた。しかし，2010年代に入る頃から中国機の活動が目立つようになり，2016年には過去最多の1168回を記録した。この内，中国に対する措置は851回と全体の約4分の3を占めている。その後もスクランブル回数の高止まりが続いている（安全保障環境の悪化に関心のある読者は，もう1つの指標として尖閣諸島周辺における中国公船の活動状況を防衛省のウェブサイト等で確認して欲しい）。

　冷戦後の20年間で自衛隊の活動領域は増えたが，その多くは国際安全保障であった。日米同盟の深化も進んだものの，それは周辺有事の際の支援に関わる問題が中心であり，自国防衛は中心的な課題ではなかった。2010年前後からは，日本自身の防衛が喫緊の課題となり，またサイバー等の新たな領域の重要性も増している。

　戦後日本で安全保障問題を論じることの難しさは，非武装規定を持つ憲法と日米安保条約の間の不整合に由来する。戦後の大半を通じて保守勢力が政権を担い続けたこともあり，安全保障問題は党派的な対立を惹起することも多い。第2次安倍晋三政権下で制定された平和安全法制（安保法制）は国論を二分することになった。しかし冷戦後，安全保障上の重要な決定には自民党以外の政党も関わっていることも押さえておくべきだろう。日米安保再定義は，長く「非武装中立」を掲げていた社会党が連立政権に加わっていた時期に行われた。また，冷戦期に定式化

された防衛力整備の基本的な考え方である「基盤的防衛力」が改められたのは，民主党政権の時代であった。2014 年 4 月に決定された防衛装備移転三原則に繋がる武器輸出三原則の緩和も民主党政権下で進められたものである。

　ここで改めて，現在の国際社会では「異質な国家間のグローバルな相互依存が常態化」していることを想起して欲しい。相対的な国力が低下する中で「力」の問題と向き合うことを迫られ，「利益」や「価値」との釣合いをいかに図るかが問われるようになったのが 2010 年代以降の日本外交の置かれた状況なのである。

　「力」の問題が新たに浮上する一方で，「利益」の問題では広域経済圏の形成が進み，さらに人権や国際安全保障，歴史認識問題等の「価値」をめぐる問題でも難しい対応を求められている。2010 年代末から米中対立が深刻となっているが，米ソ冷戦時代とは異なって両国間の相互依存は進んでいるし，気候変動や感染症など地球規模課題については協力が欠かせない。対立も協調もその構図が分かりにくいのが現在の国際政治である。安全保障問題について考えるならば，2 プラス 2（外務・防衛閣僚会合）や ACSA（物品役務相互提供協定）が 2010 年代に対象が拡大したことを押さえる必要があるが，広域経済連携の相手国と一致するわけではない。冷戦期とは異なり，大国間政治の正面はヨーロッパではなくアジアに置かれている。そうした中で，FOIP（自由で開かれたインド太平洋）や Quad（日米豪印の協力枠組）といった日本発の構想が実質的な意味を持つようになったことが注目される。

注記：本章は，白鳥潤一郎・高橋和夫『世界の中の日本外交』（放送大学教育振興会，2021 年）第 2 章「日本外交の軌跡」をベースに大幅に改稿したものである。

参考文献

五百旗頭真編『戦後日本外交史［第3版補訂版］』有斐閣，2014年。

五十嵐武士『戦後日米関係の形成——講和・安保と冷戦後の視点に立って』講談社学術文庫，1995年。

河野康子『戦後と高度成長の終焉 日本の歴史24』講談社学術文庫，2010年。

白鳥潤一郎「「価値」をめぐる模索——冷戦後日本外交の新局面」『国際安全保障』第45巻第4号，2018年3月。

田中明彦『アジアのなかの日本』NTT出版，2007年。

宮城大蔵『［増補］海洋国家日本の戦後史——アジア変貌の軌跡を読み解く』ちくま学芸文庫，2017年。

10 | 現代日本の有権者

待鳥聡史

《**学習のポイント**》 本章では，現代日本の有権者が行う政治参加を取り上げ，どのような種類があるのか，参加を規定する要因には何があるのか，有権者にとって重要な情報源であるメディアにはいかなる特徴と影響があるのかについて説明する。
《**キーワード**》 政治参加，有権者のつながり，メディア

1．政治参加の特徴

（1）代議制民主主義の起点

　現代の日本が，政治体制として民主主義を採用していることは疑問の余地がない。憲法は前文において「そもそも国政は，国民の厳粛な信託によるものであつて，その権威は国民に由来し，その権力は国民の代表者がこれを行使し，その福利は国民がこれを享受する。これは人類普遍の原理であり，この憲法は，かかる原理に基くものである」と宣言し，第15条1項が「公務員を選定し，及びこれを罷免することは，国民固有の権利である」と定め，さらに第41条と第43条1項により「国会は，国権の最高機関であつて，国の唯一の立法機関である」ことと「両議院は，全国民を代表する選挙された議員でこれを組織する」ことを明記する。選挙の方法についての規定は少ないが，第44条は「人種，信条，性別，社会的身分，門地，教育，財産又は収入」による有権者資格の制限を完全に否定しており，成人の普通選挙以外の方法は採用できな

いことははっきりしている。

政策決定に国民の「真の声」が反映されているか，日本は「本当に」民主主義といえるのか，といった疑問はときに聞かれるが，政治体制として分類するときには民主主義（自由民主主義）以外にはなりえない。実際，比較政治学においてしばしば参照されるさまざまな国際的な体制分類指標でも，日本は常に民主主義体制に含まれている。

ここまでの各章で繰り返し説明してきたように，民主主義体制の根幹は政治権力がすべて有権者に由来することであり，とくに代議制民主主義の場合には，有権者を起点とする委任と責任の連鎖が制度的に定まっていることである。委任と責任の連鎖のあり方を規定するのが選挙制度と執政制度という2つの基幹的政治制度であることを考えあわせれば，選挙における有権者の投票こそが代議制民主主義の「始動ボタン」である。選挙は代議制民主主義にとって最も重要な行事であり，投票は有権者にとって最も重要な政治への関与の機会なのである。先に挙げた憲法前文が「そもそも」という言葉からこのことを述べるのは，極めて象徴的だといえよう。

（2）投票行動の基本モデル

有権者の政治への関与のことを，政治学では一般に「政治参加」と呼ぶ。投票はその唯一の形態ではない。今日，政治参加について考える場合には，投票以外の形態あるいは方法による政治参加も含めて対象にする。代議制民主主義にとって選挙が最も重要な存在であることは確かだとしても，そのことは選挙以外の政治参加，すなわち投票外政治参加が意味を持たないとか，有害であるということではない。むしろ，第2章でふれた参加民主主義の立場からは，投票外政治参加こそが民主主義を活性化させると論じられることも少なくない。

　投票外政治参加の具体的な方法としては，デモや請願などが典型だが，さまざまな団体を介しての日常的な陳情や，政党に加入して政治家の活動を手伝うことなども含まれる。日本国憲法の条文を再び確認しておくならば，第16条において「何人も，損害の救済，公務員の罷免，法律，命令又は規則の制定，廃止又は改正その他の事項に関し，平穏に請願する権利を有し，何人も，かかる請願をしたためにいかなる差別待遇も受けない」ことを定め，第21条は「集会，結社及び言論，出版その他一切の表現の自由」を保障する。ストライキ（スト）も投票外政治参加に含まれることがあるが，その権利は労働基本権の一部として第28条に明記されている。

　そこで以下では，投票と投票外政治参加の双方について，現代日本の特徴を述べることにしよう。

　有権者が投票に際して，どのような理由に基づき，いかなる判断を行っているのかを総称して「投票行動」と呼ぶ。投票行動を構成する判断の第一歩は，そもそも投票するか，しないかである。有権者がなぜ投票するのかについて，政治学は必ずしも明快な答えを与えていない。自らの1票が選挙結果を左右する可能性はゼロに限りなく近いため，そのことを認識する合理的な有権者であれば投票せずに棄権して，その分の時間や労力を他の活動に回すという説明も成り立つからである。だが実際には，決して少なくない有権者が投票を行う。その理由としては，民主主義体制の下で有権者が果たすことが想定される役割を担わねばならないといった義務感，投票によって選挙という重要行事に関与することになる満足感，周囲の人々や所属する組織からの動員（依頼）などが指摘される。ここでは日本において多くの有権者が投票しているという事実から出発して，その理由や特徴を考えることにする。

　投票行動の規定要因については，世界中の民主主義体制において広く

研究されてきた。その発展を最も支えてきたのはアメリカ政治学の知見であり，大きく分けると３つのモデルが提唱されている。１つは投票者（有権者）の社会経済的地位や信仰する宗教などの社会学的要因を重視するコロンビア・モデルであり，もう１つは投票者が個々人として持つさまざまな属性（社会経済的地位から個人的経験までを含む）が政治的態度を形成し，それに基づいて投票が行われると考えるミシガン・モデルである。ミシガン・モデルは個々人の属性や経験と，それによって形成された政党帰属意識（安定した政党支持）を重視するため，社会心理学的要因に基づくとされる。1960年代に提示されたミシガン・モデルは今日なお投票行動を説明する最も有力なモデルだが，その後の研究の発展によって，政党帰属意識以外にも，その選挙における候補者に対する評価や選挙時点での政権や現職政治家に対する評価，最重要争点に対する態度などが規定要因として大きいという見解が打ち出されるようになった。ミシガン・モデルより後に示された新しい諸モデルが，投票行動研究の第３のグループである。

（3）日本の投票行動

　日本の投票行動の場合にも，基本的にはミシガン・モデルがよく当てはまると考えられてきた。政治学者の三宅一郎らが1980年代までに行った研究によれば，有権者の政党支持は，おおむね安定して選挙結果を強く規定してきた。ただし，日本の有権者の政党支持は帰属意識と呼ばれるほどに強固ではないとして，三宅は政党支持態度という用語を提唱した（『政党支持の分析』創文社，『投票行動』東京大学出版会）。政党支持態度の規定要因としては，投票者の社会経済的地位が大きいものの，それ以外にも職業ごとの違いなど社会的な心理や意識の影響が見出される。そして，55年体制の安定期には自民党が都市労働者など社会

党支持層を侵食し，ほぼあらゆる社会階層や職業において最も支持される政党となって，優越政党としての地位を確立したという。このような自民党の位置づけは，その概念の本来の用法からはやや外れるが，自民党の「包括政党」化とまとめられる。

　ただし，このような説明には今日いくつかの留保が必要となっている。まず，55年体制下の自民党の優位は中選挙区制の下で実現したもので，自民党支持の有権者は具体的な投票先を決定する際に自民党候補の間で選択を行う必要があった。ここに，政党支持ではなく候補者を基準とした投票（候補者投票）の余地が生まれる。さらに，1990年代に55年体制が終わると，有権者の政党支持は以前のような安定性を持たなくなった。それ以前から無党派層の増大は指摘されていたが，近年ではそれまで自民党が強固な基盤を形成していた地域や職業においても，政党支持の揺らぎが顕著になっている。しかし，自民党から離れた有権者が別の政党を安定的に支持するようにはなっておらず，候補者投票に加えて，政権や与党の実績に対する評価による投票（業績投票），その選挙における争点への立場によって選択する投票（争点投票）などが目立つようになっている。

　投票率が次第に低下する傾向にあることも明らかだが，その背景にもやはり，政党支持の不安定化が存在する可能性がある。政党支持は，有権者にとって投票先を決める上で簡便で安心できる手がかりとしての側面を持つ。そのため，政党支持が弱まる，あるいは失われると投票先を決めるために多くの情報や判断が必要になる。それは非常に煩瑣であることから，投票に行かなくなる人が増えるのである。このような有権者の情報処理コストの問題は，別の形で現れたときには，カリスマ性を持った政治家が率いて体系性のない短期的政策を前面に打ち出す勢力，すなわちポピュリスト政党の台頭を助長しやすい。日本の場合，国政選

挙ではほとんどが小政党に止まっているが，地方選挙では明らかにこの
ような政党の出現と台頭が観察されている。もともと地方政治は，報道
量などの関係で有権者にとっての手がかりが少なく，かつ大統領制が採
用されていることもあり，ポピュリスト政党に有利な条件がある。

（4）日本の投票外政治参加

　次に，投票外政治参加について見よう。政治学者の山田真裕によれ
ば，国際比較において現代日本の政治参加が示す顕著な特徴として，投
票については中位の水準にある一方で，請願書署名など一部を除いて投
票外政治参加は低調だという（『政治参加と民主政治』東京大学出版会）。
デモや陳情といった典型的な投票外政治参加だけではなく，政治家の日
常活動支援や各種団体参加についても，それらを実際にしている人は少
なく，その傾向は長期にわたって大きく変化することなく継続してい
る。ここにはさまざまな理由が考えられよう。たとえば，デモなどが持
つ「反体制的」な雰囲気や特定の政党との過度な結びつきへの嫌悪，あ
るいは団体参加に潜む強制性への懸念，政策決定への実質的な影響力が
乏しいのではないかという疑念などである。政治学者の善教将大は，日
本の有権者には非常に強い参加拒否意識があり，実際の参加も低下傾向
にあると指摘する（「政治参加」，坂本治也・石橋章市朗編『ポリティカ
ル・サイエンス入門』法律文化社）。

　これらを含め，同じ政治参加である以上，投票行動の場合と共通する
多様な要因が考えられるが，山田が注目するのは動員経験である（『政
治参加と民主政治』）。請願書署名を除いては，個々の有権者を投票外政
治参加に動員するメカニズムがうまく機能していないために，その水準
が低いのだと考えられる。動員もまたすべてを説明できる要因ではない
であろうが，団体行動が多い投票外政治参加の場合には，投票行動の場

合に比べて効果が大きいことは容易に推察される。そして，個人で行う投票行動の場合にも，有権者は1人だけで判断しているわけではない。先にふれた情報の収集と処理のコストの存在は，自分以外の誰かの意見や方針を参考にしながら意思決定を行うことを合理的に根拠づけるのであり，また実際にもそのような選択が幅広く行われていることは明らかである。

　しかし近年では動員された経験を持つ人は都市部を中心に少なくなっている。政治学者の蒲島郁夫と境家史郎によれば，1980年代までの日本には農村部や低学歴層の政治参加が高学歴層よりも高水準であるという，国際比較の上で顕著な特徴が見られたという。その背景にあったのが動員であった。しかし，動員の基盤であった農協や労働組合などの団体加入が低調になり，90年代以降には動員の影響が弱まったために，都市部の高学歴層ほど政治参加の水準が高いという他の先進諸国と共通の特徴が見られるようになった。そうなると，社会経済的に立場の弱い人ほど政治過程における関与の機会が乏しくなるという課題が出現することになる（蒲島郁夫・境家史郎『政治参加論』東京大学出版会）。

2．有権者相互のつながり

（1）政治的社会化

　政治参加には一般的に動員が大きな影響を与えており，最も簡単な参加である投票においてすら，個々人の情報処理コストから自分以外の人々に影響を受けている可能性が小さくない。そのことから，政治参加について考える際には有権者相互間の関係にも目配りする必要があると分かる。それは，個人としての有権者同士が形成する関係だけではなく，個人としての有権者と社会に存在するさまざまな組織や団体の間の関係，団体相互間の関係などが含まれる。

　個人としての有権者が政治参加を行う際に抱いている，政治についてのさまざまな知識や関心は「政治意識」と総称される。政治意識は有権者の行動の基礎にあるわけだが，その形成には，個々の有権者にとっては自分以外のところに存在する，いくつかの要因が関係していると考えられる。因果関係の経路は非常に複雑で，研究も多岐にわたっているため，以下では主だった要因のみを取り上げておくことにしよう。

　まず重要な要因だとされるのは「政治的社会化」である。政治的社会化とは，広い意味では政治意識の形成そのものを指すが，いくつかの要素に分けることができる。まず，それが行われる時期の違いにより，政治的社会化は“初期社会化”と“後期社会化”に区分される。初期社会化とは，幼少時から思春期頃までの，主として家庭や学校における政治情報への接触を通じてなされる政治意識の形成である。後期社会化とは，成人する前後からの時期に，主として職場や所属組織などにおいて政治情報に接触することで政治意識が形成されることである。初期社会化においては家族（親や兄弟）・学校・メディアの役割が大きいとされ，民主主義体制全般への支持など基本的な意識が涵養されることが多い。後期社会化の場合，同僚などとの会話や自分が経験した社会的出来事の影響があり，特定政党や政策への支持などが生み出されやすいという。

　先に述べたミシガン・モデルにおける政党帰属意識の形成には，このような政治的社会化の効果が大きいといわれる。たとえば，1930年代から40年代にかけてのアメリカでは，大恐慌とニューディール政策，そして第二次世界大戦を若者として経験した世代の有権者は，大恐慌に有効な対策を打ち出せなかった共和党ではなく，フランクリン・ローズヴェルト政権の下で展開されたニューディール政策や戦争指導を評価して，民主党を支持することが多いとされた。後期社会化が政党帰属意識を導いているのである。ただし後には，そのような経験をした若者が年

齢を重ね，自らの社会経済的地位が変化したり，民主党政権の政策によって失望させられたりといった経験があると，政党帰属意識が変化することも分かってきた。業績投票や争点投票の存在が指摘されるようになったのは，このような文脈と関係している。

　日本の場合はどうだろうか。三宅一郎は，戦後日本における有権者の政党支持態度に対しては，後期社会化が初期社会化を上回る影響を与えてきたことを指摘する（『投票行動』）。日本の場合，家庭や学校で政治に関する会話が避けられる傾向が見られることもあり，首肯できる議論である。後期社会化の影響の大きさは，投票外政治参加への志向性にも及ぶ。社会学者の富永京子によれば，さまざまな抗議活動に参加した経験がその後のライフイヴェントにおける態度決定に影響しているという（『社会運動と若者』ナカニシヤ出版）。これに対して，初期社会化は政治に対する関与の積極性や消極性といった，より一般的な政治意識の形成にはやはり大きな意味を持つと考えられている。たとえば，政治学者の平野浩は，高校までの学校教育段階における経験が熟議志向や積極的な政治参加志向につながることを，データから明らかにしている（「日本における政治文化と市民参加」『政策科学』第19巻3号）。

（2）市民社会のあり方

　有権者の政治意識形成に関係する別の要因として，市民社会のあり方が挙げられる。市民社会とはやや漠然とした言葉だが，ここでは社会に暮らす人々（市民）の自発的な行動や認識の集積によって形成される人々のつながりや組織を指す。より具体的には，利益集団や非営利組織（NPO）などの団体の活動，ヴォランティア活動などの盛んさといった要因が，個々人の政治意識にどのように結びつくのかを考えようとするのである。市民社会に注目する際には，政府とも市場とも異なった空間

であると同時に，家族などにはない公共性を持っていることが重視される。

　かつて日本では，市民社会が脆弱であると指摘されることが多かった。政府と個人の間に存在するという意味で中間団体とも呼ばれる利益集団やNPOは，企業や労働組合などの経済活動に関係した団体か，あるいは行政による補助金給付の受け皿になっているような実質的な官製団体か，いずれかであるとされた。おおむね1990年代頃までは，市民が自らの関心に基づいて自発的に作る団体は少なく，財政的基盤も極めて弱かったのである。

　しかし，1995年の阪神淡路大震災に際して多くのヴォランティアが被災地の復旧・復興を支援するために活動し，99年に特定非営利活動促進法（いわゆるNPO法）が制定されたことなどを契機として，市民社会のあり方は大きく変容した。2011年の東日本大震災をはじめ，近年の多くの自然災害からの復旧・復興には，ヴォランティアやNPOの支援が大規模に見られるようになった。先にふれたように，1990年代はそれまでの政党支持が揺らいだ時期に当たるが，それと市民社会の変化が平仄を合わせるように生じたことは興味深い。

　このような変化は，政治意識にも影響を及ぼすことになる。その一例が，熟議民主主義の広がりである。政治学者の田村哲樹は，市民が政策課題についての議論に積極的に参加し，自らの意見を形成していく熟議が，市民社会の変化によって盛んになっていることを指摘する（「熟議民主主義論」，坂本治也（編）『市民社会論』法律文化社）。別の例としては，投票外政治参加と密接に関係する社会運動の変化が挙げられる。戦後日本の社会運動は，多くの場合に特定の政党と強い結びつきを持っていた。運動に必要な動員や資金などの資源を確保できる主体が，もっぱら政党や政党系の団体に限られていたからである。しかし近年では，

特定の政党と結びつかない社会運動の広がりが見られる。東日本大震災後に強まった反原発運動は，とくにその初期においては超党派的性格を帯びていた。このような社会運動の変化は，全体として見ればなお投票外政治参加の低調さを変えるには至っていないが，先に述べた政治的社会化としての効果と相まって，今後何らかの影響が見出される可能性はあるだろう。

（３）ソーシャル・キャピタル

　最後に，ソーシャル・キャピタルという概念にもふれておきたい。ソーシャル・キャピタルとは，人間関係資本あるいは社会関係資本と訳される言葉で，社会における人々のつながり方や相互信頼関係のあり方を指す。アメリカの政治学者ロバート・パットナムが提唱した概念で，ソーシャル・キャピタルがどのような状態であるかによって，制度や政策の効果などに影響を与えることが注目された。パットナムは，統一国家形成までの前史に大きな違いがあるイタリアの北部と南部では，同じ地方自治制度が導入されても自治体のパフォーマンスが異なることを，この概念を用いて説明したのである。近年では，アメリカの政治や社会の分断状況に対しても，ソーシャル・キャピタルの概念やそこで提起された視点を援用した分析も行っている（『哲学する民主主義』河田潤一訳，NTT出版，『われらの子ども』柴内康文訳，創元社）。

　日本でも，ソーシャル・キャピタルが政府など公共部門のあり方に及ぼす影響に注目が集まっている。多くの関心はソーシャル・キャピタルの規定要因や測定指標の改善などを目指すものだが，政治学者の坂本治也は注目すべき議論を提起している。坂本はパットナムの分析を念頭に置きつつ，不正が発生しにくいといった地方自治体のパフォーマンスの差異は，ソーシャル・キャピタルよりも市民社会のあり方，すなわち行

政監視を行おうとする市民団体の活動の盛んさといったシヴィックパワーに媒介されることで，より適切に説明されるという見解を打ち出した（『ソーシャル・キャピタルと活動する市民』有斐閣）。確かに，政府の活動そのものへの影響という点では，人々の相互関係といういわば横のつながりであるソーシャル・キャピタルが直接的に規定するという説明には，やや難があることは否定できない。

　政府をはじめとする公共部門に対する直接的影響以外に，ソーシャル・キャピタルの概念により分析が盛んになっているテーマの１つが，政治意識や政治参加である。政治学者の鹿毛利枝子は，戦後日本における政治参加の活発さが，戦前・戦中期における市民参加のネットワークによって規定されていることを示した。敗戦によって表面上は消滅してしまっても，ソーシャル・キャピタルとして生き残った要素が，戦後の政治参加に影響を与えたというのである（Rieko Kage, *Civic Engagement in Postwar Japan*, Cambridge University Press, 2010）。その一方で，ソーシャル・キャピタルの重要な表れだとされる社会構成員の一般的信頼の程度と，国政選挙における投票率の推移などの関連は乏しいという指摘も存在する。ソーシャル・キャピタルは厳密な定義や測定が容易ではない概念であるだけに，その効果についての検討はなお途上にあるというべきなのであろう。

3. メディアが与える影響

（1）効果は強力か限定的か

　有権者の政治意識や政治参加を考える上で避けて通れないのが，メディアの与える影響についてである。政治学のみならず，社会学や心理学においても活発に研究が進められている。

　メディアが有権者にどのような影響を及ぼすのかについては，今日で

は一般に2つの立場がある。ここでは主に，社会心理学者の稲増一憲と三浦麻子の整理などに基づいてまとめておこう（「「自由」なメディアの陥穽」『社会心理学研究』第31巻3号）。1つは「限定効果論」と呼ばれるもので，有権者は自らの政治的立場に近い情報しかメディアから獲得しないため（選択的接触），メディアの提供する情報によって政党支持や争点態度を変えることは考えにくい，という立場である。もう1つは「強力効果論」であり，何が重要な争点であるか（議題設定），その争点がどのような課題として捉えられるか（フレーミング），さらには多数派の見解のみが伝えられることで実態以上に増幅され，少数派の意見表明が困難になる（沈黙の螺旋）などの結果として，有権者は知らず知らずのうちにメディアの影響をうけるという立場である。

　もともと，マスメディアが急激に発展した20世紀初頭には，その効果は万能に近いほど強力だと見なされており，それへの対抗説として20世紀半ばに限定効果論が提示された。そのため，上に紹介した20世紀後半の強力効果論には「新強力効果論」という名称が与えられることもある。さらに近年に至ると，インターネットやソーシャルメディアの登場によって，有権者はやはりメディアと選択的に接触しているのではないかという考え方が強まり，再び限定効果論が力を得ている。情報の受け手である有権者が自らメディアを選択するという面は，メディアによる情報の選別や伝え方の決定を重視してきた強力効果論においてはあまり考慮されていなかったが，今日では大きな意味を持つようになっている。

　しかし，政治に関する情報を提供するという意味では，現在もなおマスメディアの存在は大きい。政治学者の内山融は，日本の政治報道においてマスメディアは3つの役割を果たしているという（「マスメディア，あるいは第四の権力？」佐々木毅（編著）『政治改革1800日の真実』講

談社）。1つは「ミラー」であり，政治において何が起こっているのかを忠実に伝える役割を指す。もう1つは「アリーナ」であり，政治家などがマスメディアで発言し，場合によっては意見を戦わせる機会を提供する役割をいう。そして第三が「アクター」であり，議題設定やフレーミングなどを通じて，マスメディアが政治の方向性を定めることを指している。もちろん，報道には時間その他の制約がある以上，たとえばミラーとしての役割を果たす場合にも対象の取捨選択や優先順位づけが行われるように，ここに挙げた3つの役割が相互に排他的であるわけではない。だが，基本的にはこれらの役割を担うという整理はできる。

（2）日本のマスメディア

　マスメディアは，これらの役割の間でのバランスを変化させながら，日本の政治について有権者に情報を提供してきた。現代日本の主要なマスメディアは，依然として新聞とテレビである。それぞれについて国際比較や時系列での変化から見た特徴を述べておこう。

　まず新聞は，全国紙と地方紙から構成される。全国紙とは，50音順に朝日・産経（産業経済）・日経（日本経済）・毎日・読売の5紙で，日経は経済専門紙として含めないこともある。全国紙という名前は北海道から沖縄まで購読可能であることに由来するが，実際には東京・名古屋・大阪の三大都市圏と札幌・仙台・福岡などの地方大都市圏での購読が大部分である。全国紙が読まれていない地域では，地方紙が購読されている。地方紙は第二次世界大戦中の統合により多くの地域で1県1紙体制となっている。このような地方紙を県紙と呼ぶこともある。いくつかの県には2紙以上が存在し，また一部の県紙は近隣県でも購読されており，その範囲が比較的広域で発行部数も多い場合にはブロック紙と呼ばれる。愛知の中日新聞や福岡の西日本新聞がその例である。

　このような区分には，戦時統制の色彩が強く残っている。多くの戦時統制と同じく，企業の経済活動の自由や読者の選択の自由を抑制することで，紙やインクなどの資源の効率的な利用を目指したもので，独占・寡占による企業の安定的存続はその副産物であった。しかし，戦後になっても基本的な区分に変化はなかったことに加え，販売価格について独占禁止法の適用が除外されるなど，国民の「知る権利」を実質的に保障する役割を担うとして特別な地位が与えられてきた。

　その結果として，一方においては全国紙を中心に広範で大規模な取材網が確保されたが，他方では購読部数（発行部数）のみを尺度とした競争が繰り広げられることにもなった。全国紙の数百万部という発行部数は，世界的に見て例のない水準である。これほどの部数を維持するには，万人好みの報道姿勢にならざるを得ない。個性を強めることによる部数減は広告料と購読料両面での収入の減少に直結するため，大企業となった新聞社はそれを避ける傾向が生まれた。官庁や業界ごとに置かれる取材拠点としての記者クラブの存在は，各紙の共同取材に似た効果をもたらすため，このような傾向は助長された。

（3）政治報道の特徴

　政治報道は事件報道などに比べると新聞社ごとの差異が存在するが，記者クラブの存在や各紙の横並び的傾向を打ち消すほどではない。先に挙げた政治報道の役割でいえば，ミラーとしての役割が大きかったのである。ただし，一部の新聞には長らく政治報道に携わる名物記者もおり，彼らはときにアクターとして政策決定に関与することもあった。また，首相をはじめとする有力政治家や主要政党には，特定個人や政党のみを担当する「番記者」が置かれることが多い。番記者は取材対象である政治家との距離を保つのが容易ではなく，上司も多くが元番記者であ

ることも手伝い，ときに担当する政治家や政党の意向に沿った記事を書くこともある。近年，各紙ともインターネットの普及や人口減少に伴う急激な発行部数減少に直面しており，議題設定機能の高い調査報道や論説に力を入れるようになっているが，有権者（読者）の知りたい情報ではなく，政治家や官僚の伝えたい情報を書くという厳しい批判は消えていない。

　テレビの政治報道は，長らく取材体制が脆弱で系列全国紙に多くを依存していたため，新聞と同じ傾向を持つとされてきた。電波監理の関係で免許制がとられ，かつコマーシャルは新聞広告以上に広告主が敏感であることは，政府と企業の双方に対してテレビを新聞よりも弱い立場に置いてきた。時間的な制約から報道量を増やすことが容易でないことも，テレビの政治報道をミラー機能に徹するよう方向づけてきた。このような基本的な性格は今日も完全に失われたわけではない。

　しかし，1980年代後半以降になると，テレビは次第に新聞にはない政治報道のスタイルを確立するようになった。それは，アリーナとしての役割を果たすことである。生放送に政治家を出演させ，コメンテイターや専門家を交えて視聴者の関心が強い政治課題について討論させることは，新聞にはできない試みであった。このようなスタイルは，恐らくアメリカでの政治討論番組などに範を取ったと思われるが，政治家に厳しい質問を浴びせること自体が珍しかった日本の政治報道においては新鮮で，90年代以降には各局で広く採用されることとなった。ただし，政治家側が慣れて対策をとるようになっていること，コメンテイターに見識ある人物を確保できるとは限らないこと，視聴者の関心が乏しい課題や複雑で難しい課題を取り上げにくい傾向が生まれることなど，多くの弱点も指摘されている。

（4）インターネットとソーシャルメディア

　最後に，現代日本における有権者と政治の関係を考える上で無視できない存在として，インターネットとソーシャルメディアについてもふれておきたい。インターネットは，誰でも情報を発信できることと，情報の受け手が選択的接触を極めて行いやすいことが相まって，従来のマスメディアとは大きく異なる政治情報の流れを作り出した。すなわち，政治家や官僚の判断や行動，政府の打ち出す政策に関して，政治報道に携わるマスメディアの記者以外の人々も，それを広めたり論評したりできるようになったのである。

　それは一方において，先に述べた取材体制などの関係から政治家や官僚の代弁者になる恐れがあったマスメディアの政治報道に風穴を開けた。かつて番記者をはじめとする政治記者たちが「内輪の論理」で無視していた政治家の虚言や不品行などは，隠し通すことが著しく困難になった。しかし他方で，根拠が曖昧な情報や評論，自らと考えが違うアクターへの不当な評価なども珍しくない。政治の世界では意図的に誤情報が流されるといったことも起こるが，それに対する見極めが甘いまま印象批評がなされる傾向は，インターネット上の政治情報には抜きがたく存在する。インターネットが双方向的な性格を持つことは情報操作の可能性を排除するわけではなく，むしろそれを強めることも起こりうるのである。

　ソーシャルメディア，すなわち短文でのメッセージや短時間の動画などを使って多くの人たちがインターネット上でやりとりする方式での情報の流れは，近年急速に普及している。2020年代初頭における代表的なサーヴィスとしては，ツイッターやインスタグラムなどがある。当然ながら，政治に関する情報も，このようなソーシャルメディアに多く集まってきている。ソーシャルメディアは，短文で済むなど発信が極めて

容易であるために，従来以上に情報の発信者が増え，それに伴って質的には玉石混淆的になる傾向を強く持つ。また，情報の受け手が好ましくないと判断した発信を拒否することも簡単なので，選択的接触を助長する。これらの性質は，メディアがこれまで果たしてきた3つの役割をいっそう曖昧にすると考えられる。また，平均的有権者にとっては情報の真偽や妥当性の適切な評価が難しく，簡便な方法として自らが好ましいと思う情報にのみ接触することにつながる恐れもある。情報量が総体として大きく増えることは間違いないが，それが何をもたらすのかについてはなお未知の部分が多い。

参考文献

蒲島郁夫・境家史郎『政治参加論』東京大学出版会，2020年。
坂本治也『ソーシャル・キャピタルと活動する市民』有斐閣，2010年。
谷口将紀『政治とマスメディア』東京大学出版会，2015年。
田村哲樹『熟議の理由』勁草書房，2008年。
三宅一郎『投票行動』東京大学出版会，1989年。
山田真裕『政治参加と民主政治』東京大学出版会，2016年。

11 | 現代日本の政党政治

待鳥聡史

《**学習のポイント**》　本章では，日本政治における政党システムと政党組織の基本的特徴について，戦前期を含む55年体制以前，55年体制期，1990年代以降という時代区分に依拠しながら現状を明らかにし，それに基づいて今後の展望も述べる。

《**キーワード**》　55年体制，政治改革，政党間競争

1. 55年体制下の政党政治

（1）戦前期の政党政治

　日本政治に政党が初めて登場するのは，明治期のことである。自由民権運動を各地で担った結社は，本来さまざまな要求や活動を行う地域団体としての性格が濃厚であった。その中から政治的な主張を行う要素が純化され，かつ全国の結社を糾合する形で，1881年に板垣退助率いる自由党が，82年には大隈重信率いる立憲改進党が，それぞれ成立した。両党が誕生した時点では，国会開設の詔は出されていたが，明治憲法（1889年制定）も帝国議会（1890年開設）もまだ存在していなかった。既に開設されていた地方議会に勢力を拡大するとともに，今日の利益集団のように，藩閥政府に圧力をかけることが政党の存在意義であった。両党は，藩閥政府勢力としての「吏党」と対決する「民党」と呼ばれた。

　帝国議会が開設され，議員が予算編成などの政策決定に関与するよう

になると，政党をめぐって2つの変化が起こるようになった。1つには，政府を攻撃し圧力をかけることを主眼にした民党の中から，政策過程でより建設的な役割を果たし，自らも政治権力を担うことを志向した勢力が登場した。もう1つは，藩閥政府の中に議会や政党の存在意義を認め，議会における政府の忠実な代弁者としての吏党とは異なる政党像を模索する動きが現れたことである。前者はとくに自由党に顕著であり，星亨や原敬が中心となって変革を試みた。後者の中心にいたのは伊藤博文であり，彼は次第に自らが政党の指導者となることを考慮するようになる。

　1900年，立憲政友会が結成される。星のリーダーシップによって方向転換した自由党の後身政党である憲政党が，伊藤を総裁として迎えて成立した政党であり，西園寺公望や原が幹部として加わっていた。政党が憲法体制下における正統な政治権力の担い手として位置づけられることを政党政治と呼ぶならば，政友会の成立こそが日本の政党政治の直接的な起源であった。藩閥政府内部で伊藤とライヴァル関係にあり，かつ政党を嫌った山県有朋の周囲からも，腹心であった桂太郎が政党の結成を試みるようになる。この政党は桂新党と呼ばれていたが，結成直前に桂が急死し，外交官出身の政治家である加藤高明を総裁として，1913年に立憲同志会という名称で創始されることになった。同志会は第一次世界大戦期に大隈を首相，加藤を外相として政権を担うが，対華二十一カ条要求などの国際協調を無視した冒険主義的な政策もあって長く低迷する。しかし，1920年代半ばには民政党（27年5月までは憲政会）として，政友会とともに戦前二大政党制を担う存在にまで勢力を回復させた。両党は，1924年の加藤内閣から32年に犬養内閣が五・一五事件によって倒れるまで，政党内閣（政党に所属する政治家が首相となり，閣僚の多くも政党に所属する内閣）を継続した。

（2）政党の復活から「55年体制」へ

　政友会と民政党はともに戦時体制下で解散し，大部分の政治家は1940年に成立した大政翼賛会に参画した。しかし，第二次世界大戦敗戦の直前に大政翼賛会は解散し，戦争が終わるとかつての二大政党をルーツとする政党が再び登場した。政友会は鳩山一郎らが中心となって結成された自由党に，民政党は町田忠治らが率いた進歩党（のち改進党，民主党など）に，それぞれ多くの人材を送り込んだ。しかし，その少なくない部分は公職追放によって失われ，かつ吉田茂ら戦前・戦中には政党政治との関係を持たなかった政治家が登場したことで，つながりは大幅に弱められた。

　さらに，戦前には小勢力に過ぎなかった左派には，社会党と共産党という2つの政党が登場した。社会党は戦前の合法無産政党の流れを汲むが，やはり人的には戦後に加わった勢力が無視できず，共産党は戦後になって合法化された存在であった。社会党は政治体制の変革（資本主義から社会主義への移行）を目指す左派と，資本主義の枠内で労働者や農民の経済的改善を目指す右派との対立が続いたが，全体としては無視できない勢力へと成長していった。その一方で，共産党は間もなく武力革命を目指す路線を採用して地下活動中心に移行し，1950年代半ばに合法活動路線に戻るまで，政党政治の表舞台からはしばらく姿を消した。

　終戦後10年間の政党政治は，離合集散を繰り返しつつ自由党・民主党・社会党という3つの政党（それぞれの前身・後裔政党を含む）が鼎立関係にあるのが基本構図であった。日本国憲法が議院内閣制を採用したため，衆議院における多数派が内閣を構成することが常態となった。民主党と社会党が連立あるいは協力したのが片山・芦田・鳩山（成立時）の各内閣であり，自由党と民主党の協力や自由党の単独で成立したのが吉田内閣であった。しかし，冷戦が始まっていた時期に，社会党が

左派主導の下で共産主義諸国への親近感と日米安全保障条約（日米同盟関係）への警戒感を強めたことは，アメリカとの関係を深めて自由主義・資本主義国家としての復興を目指す経済界などに不安を与えた。彼らは自由党と民主党が合併して社会党に対抗することを促し，1955年11月に両党の合併（保守合同）によって自由民主党（自民党）が成立した。前月にはサンフランシスコ平和条約をめぐる対立などから左派と右派に分裂していた社会党の統一も実現しており，ここに自民党と社会党を主要勢力とする政党政治のあり方，すなわち「55年体制」が生まれたのである。

（3）政党システムの特徴

　55年体制という名前は後年に政治学者の升味準之輔が付けて広がったもので，当初からそう呼ばれていたわけではない（「1955年の政治体制」『思想』第480号）。しかし，自民党と社会党が政権をめぐって競争する姿は当初から期待されていた。政党システムとしての二大政党制だが，それはもとより実現が難しいものであった。実際にも，1959年に社会党から右派の一部が民社党として分かれたのを皮切りに，60年代には公明党や共産党も国会に安定的な勢力を確保するようになり，政党システムとしては多党制に移行した。それと並行して，自民党が政権を確保し続けるようになり，恒常的与党としての自民党と，恒常的野党としての社会党その他の諸政党という構図が定着するようになった。

　二大政党制が生まれなかった理由は，大きく分けると2つ存在する。1つは環境要因である。1950年代後半に入ると日本は高度経済成長期に入り，60年の日米安保条約改定を経て，日米同盟を基軸とする自由主義陣営の中で経済成長を追求するという戦後日本の基本路線が定まった。社会党が追求しようとした日米安保条約の破棄，共産圏や非同盟諸

国への接近は実現可能性が失われ，多くの有権者にとっても共感できないものとなっていった。そもそも，保守合同による自民党の成立自体が，社会党に政権を渡さないための試みであった。経済成長を前提とした福祉拡充など，再分配政策を重視する社会民主主義の立場は，公明党や民社党が主に唱えるようになり，自民党がそれを部分的に取り入れる形で展開された。冷戦と高度経済成長という環境を前提にすれば，政治体制についての立場を異にする自民党と社会党が政権をめぐって競争することは難しかったのである。

　もう1つは制度要因である。戦後の新しい憲法により，執政制度としては議院内閣制が導入されたが，選挙制度については戦前からの中選挙区制が継続した。中選挙区制は比例性の高い仕組みであるため，政党間の勢力関係が大きくは変動しないという特性を持つ。1955年の時点で，自民党と社会党の議席数には約2倍の開きがあった。これほど大きな勢力差がある場合には，比例性の高い選挙制度の下で政権交代が起きることは考えにくい。保守合同により単独過半数政党が選挙以外の方法で成立したことは，社会党の政権獲得の可能性をほぼ完全に失わせる効果を持った。また，中選挙区制の比例性の高さは多党化にもつながる。公明党・民社党・共産党は，いずれも有権者の支持率で見れば10%にも遠く達しない水準だったが，社会の中にある少数派の意見を表出させる機能を担うことができたのである。とりわけ公明党と共産党は，経済成長に伴い急速に拡大する大都市圏において，社会経済的に必ずしも恵まれない有権者の利益を表出して党勢を伸ばした。

（4）政党組織の特徴

　中選挙区制の下で自民党が長期にわたり単独政権を維持したことは，政党組織にも大きな影響を与えた。政党システムの次元では競争相手が

いなくなった自民党だが，党内における競争は続いており，分裂を回避することも重要な課題であった。中選挙区制で単独過半数を確保するためには，多くの場合に1つの選挙区から複数の自民党議員が当選する必要がある。同じ選挙区の自民党議員相互間には競争が生まれるが，それが激しくなりすぎると共倒れなどの弊害を伴う。そこで，選挙区内で多くの得票を期待できる地域や業界を棲み分けることで，同じ選挙区から出る自民党議員の競争を緩和する方策が発達することになった。同時に，自民党という政党名だけでは当選が困難であるため，議員やその候補者は，個人として集票したり政治資金を確保したりすることを目指すようになっていった。政治家の個人後援会や自民党内の派閥の存在は，このような理由によるところが大きい。逆に，1つの選挙区から1人の当選者を出せば十分な社会党の場合には，党内競争もほぼなくなり，党勢拡大や政策刷新の機運が弱まることにつながった。

　党内で他の議員との差異化を図る必要があり，集票や政治資金確保についても個人あるいは派閥に依拠するところが大きい自民党の政治家は，党首である総裁や幹部たちの意向に従うのではなく，自分たちの望む政策を党の政策にしようとする傾向を強めていった。1960年代に入る頃には，内閣提出法案についての与党事前審査制が確立され，自民党が了解しない法案を内閣が国会に提出することは認められなくなった。自民党内での了解は，省庁ごとに対応する形で設けられた政調（政務調査会）部会を起点とするボトムアップの過程によってなされる。この結果，当選回数の少ない若手議員たちも，部会などで省庁官僚とともに政策立案に関与するようになった。これがいわゆる族議員である。族議員は，建設や農林など公共事業に関係する分野に多く見られ，地元支持者への利益誘導の役割も果たしていた。同時に，冷戦と高度経済成長という環境条件の下では，利益配分以外の政策課題に取り組む余地が小さ

かったことも，このような行動の合理性を高めたと考えられる。

2. 政治改革と政党政治

（1）55 年体制の終焉

　55 年体制，すなわち自民党と社会党が上位二党を占め，その中で自民党のみが長期にわたって政権を維持するという政党システム，およびその下で自民党はボトムアップによる支持基盤への利益配分に，社会党は政治体制についての理念的な議論にそれぞれ没頭する政党組織のあり方は，環境要因と制度要因の双方により生まれたものであった。環境要因としては冷戦と高度経済成長，制度要因としては中選挙区制と議院内閣制の組み合わせである。高度経済成長は 1973 年の石油危機によって終わるが，その後も日本経済の立ち直りは早く，現役世代や若者が多いという人口構成上のメリット（人口ボーナス）もなお存在していたことから，基本構造は 80 年代にかけても維持された。86 年の衆参同時選挙で自民党が圧勝し，その後にバブル景気が訪れたのは，55 年体制の最後の輝きだったのかもしれない。

　しかし 1980 年代末以降，55 年体制を生み出し，支えた要因には大きな変化が生じた。1 つには冷戦が終結したことである。アメリカが主導する自由主義圏とソヴィエトが率いる共産主義圏が政治体制の次元で対峙するという構図は，89 年にソヴィエトと東欧諸国における共産党一党独裁が崩壊したことで，ついに終わった。日本国内での自民党と社会党の関係は，冷戦の国内版としての面を持っていたから，その意味が失われたのは当然であった。もう 1 つの変化は，冷戦後の 90 年代に入って新しい国際環境が生じたことである。それまで冷戦の下で抑止されていた各地域の覇権争いや宗教・民族などの対立が多発する一方で，この時期に起こった急速な IT 技術の革新とも相まって，国際的な産業構造

が大きく変わったのである。アジアや南米に新興工業国が出現し，日本企業の国際競争力は低下した。そのことは，第3の変化として，成長を前提にしていた日本の社会経済のあり方に大きな影響を与えた。企業の事業所は国外に移転するようになり，国内でも終身雇用の見直しや非正規社員への依存が進んだ。さらに，人口動態上の少子高齢化が無視できない要因として意識されるようになった。

　これらの環境要因の変化に応答するために進められたのが，制度要因の変革，すなわち政治改革であった。1990年代には，選挙制度改革・行政改革・地方分権改革などが連続的に進められ，2000年代初頭の司法制度改革まで含めると，戦後日本の政治制度はほぼ全面的な変革を経験した。それは，政治権力を生み出し，使うための諸ルール（統治ルール）の大規模な変更であり，事実上の憲法改正といえるものであった。

（2）選挙制度改革の影響

　政治改革のうち，政党政治に対してとくに大きな影響を与えたのが，選挙制度改革と行政改革である。それは55年体制を支えていた中選挙区制と議院内閣制の変革であり，衆議院の選挙制度は1996年総選挙から小選挙区比例代表並立制に改められ，2001年に全面実施された内閣機能強化と省庁再編を通じて日本の議院内閣制はウェストミンスター型により接近した。小選挙区比例代表並立制は，小選挙区から選出される議員の割合が6割以上と大きく，全体としての比例性が低いために，小選挙区制を採用するのと近い効果が得られると考えられた。内閣機能強化と省庁再編は，首相や官房長官，内閣府特命担当大臣など，いわゆる官邸を構成する政治家が，政策決定において主導的役割を果たすようになることを目指していた。

　選挙制度改革が政党政治に与えた影響は，政党システムと政党組織の

両面に現れた。まず政党システムについては，政権交代を伴う上位二党の競争を基調とする二大政党制への変化が生じた。比例代表によって選出される議員がおり，小政党が生き残ったことから，上位二党が議席をほぼ独占する状態には至っていないが，上位二党の議席占有率は55年体制期の平均を大きく上回り，有効政党数は減少している。何よりも顕著な特徴は政権交代が従来よりも短期間に起こることで，2009年には民主党が政権を獲得し，2012年には自民党が政権に復帰した。とくに民主党が結党後13年で政権に就いたことは，明らかに選挙制度改革の効果であった。

　政党組織については，大政党内部での集権化，トップダウン化が見てとれる。選挙制度改革の結果として導入された小選挙区比例代表並立制が比例性の低い選挙制度であることは，大政党の公認候補となるかどうかが当落に決定的な影響を及ぼすようになることを意味しているため，あらゆる意思決定において公認権を握る執行部（幹部）の意向が反映されやすくなったのである。2005年に郵政民営化法案をめぐって自民党の党内対立が強まった際に，小泉純一郎総裁（首相）が郵政民営化反対の候補者の公認を剥奪して総選挙に臨んだのは，その典型例であった。2012年，当時の与党であった民主党では内部対立が強まり，執行部に反対する一部議員が離党して新党を結成したが，その大多数が直後の選挙で落選したことも，似た事例だといえる。近年では，このような直接的な党内対立は影を潜め，むしろ幹部の意向にはじめからつきしたがう傾向が強まっている。それに逆比例するように，政党助成金制度の創設なども影響して，自民党の派閥の存在感は大幅に低下した。

（3）行政改革と地方分権改革の影響

　行政改革の影響はどうだろうか。内閣機能強化は首相の政策過程にお

ける影響力を強めるものであったが，首相はほとんどの場合に最大与党の党首であるため，与党内部の集権化と重なり合うことで政党政治に影響を及ぼしている。選挙制度改革の結果，与党内部でトップダウンの意思決定が行えるようになったとしても，それだけでは政策に関する影響力は行使できない。ボトムアップの場合と異なる選択肢を，執行部として確保しておかねばならないからである。内閣機能強化によって内閣官房の拡充や内閣府の創設が行われ，首相が自らの意向を反映させた政策立案を行いやすくなったことは，与党内におけるボトムアップとは異なった選択肢の準備にもつながった。いわゆる官邸主導の政策決定とは，省庁官僚制に対する官邸の優位であるとともに，与党の幹部以外の議員に対する執行部の優位でもある。

　政党政治に影響を与えた，もう1つの無視できない改革が，地方分権改革である。地方分権改革にはさまざまな要素が含まれているが，地方自治体が政策判断における自律性を強めたことと，合併によって市町村レヴェルの地方自治体数が大幅に減少したことが，とくに大きな意味を持つ。

　詳しくは第14章で見ることになるが，かつて地方自治体は独自の財源や政策立案能力が十分ではなく，与党議員や中央省庁との密接な協調や庇護の下で政策を展開していた。それゆえに，地方自治体にとっては与党や中央省庁との関係悪化は避けたいことであり，国政与党であった自民党との関係が深い保守系の首長や議会多数派に有利な要因として作用していた。ところが，行財政面での分権によってこのような関係が弱まると，首長や地方議会多数派が国政与党や中央省庁とは異なった政治的立場をとったとしても実害が乏しくなり，むしろ地域の実情に即した政策決定が進められるというメリットが意識されるようになったのである。国政における政党政治の変化と平仄を合わせるように，1990年代

には無党派首長が増え，2000年代に入ると「大阪維新の会」のような地域政党が勢力を拡大したのは，このような理由による。

　2000年代に入って進められた市町村合併によって地方議員が減少したことは，国政政治家から市町村議員に至るまでの系列関係が弱まることを意味していた。この系列関係は，国政政治家にとっては所属政党執行部の意向と無関係に当選するための重要な基盤であり，地方政治家にとっては中央政府からの財政的支援（補助金など）を獲得するための手段であった。それが弱まったことは，とりわけ自民党において，国会議員が執行部の方針に従いやすくなる一因として作用している。また，民主党のように地方に組織的基盤を持たない政党が急激に台頭することにもつながっている。地方分権改革には，政党システムと政党組織の両面において，国政と地方政治の連動性を弱める効果があった。

　政治改革に際してほとんど変化しなかったのが，国会である。とくに参議院は，内閣や衆議院との間に存在する権限関係と選挙制度の両面で，ほとんど変革がなされなかった。そのため，参議院には55年体制下の多党制が残存し，それが二大政党化や集権化が進んだ衆議院や機能が強化された内閣と対峙することとなった。1999年に自由党と公明党が自民党と連立してから今日に至るまで，20年以上にわたり日本政治は常に「上位二党のうちの一方と，小政党との連立」という形で政権が構成されている。それは，衆議院で第一党が圧倒的な勢力を確保している場合ですら，参議院では小政党の協力を得ないと過半数確保ができないことが多いという事情による。もしも参議院の権限が乏しければ，衆議院側の多数派形成のみを考慮すればよいわけだが，実際には両院の関係が対等に近く，かつ問責決議などの手段によって内閣の存続にも参議院の影響力が及ぶために，両院のそれぞれについて多数派を確保しない限り政権が安定しないのである。

3. 新しい一党優位制の出現？

（1）今日の政党システム

　2012年に自民党と公明党が連立により政権に復帰して以来，2021年総選挙後に至るまで政権交代は起こっていない。1994年に非自民連立の羽田孜内閣に代わって社会党・自民党・新党さきがけの連立による村山富市内閣が発足してから，2009年に民主党・国民新党・社民党の連立による鳩山由紀夫内閣の成立まで，15年にわたって自民党を与党第一党とする政権が続いた。そう考えるならば，自民党が長期政権を継続するようになったと見なすのは，なお時期尚早であろう。1955年に自民党が誕生したときにも，それが長期にわたって与党であり続けるという認識が形成されたのは，池田勇人内閣が高度経済成長とその成果を有権者に実感させるようになった60年代の半ばのことだったのである。諸外国の例を見ても，第二次世界大戦後に上位二党間の政権交代が定期的に起こってきたイギリスやドイツにおいて，一方の政党が10年以上政権与党の地位を保つことは珍しくない。

　しかし，1990年代後半から2012年までの日本政治や戦後のヨーロッパ諸国の政治と，今日の日本政治が大きく異なるのは，上位二党の間の勢力関係が均衡に程遠いことである。

　1990年代半ばには新進党，その後は民主党が第二党として自民党に迫り，2009年に民主党が政権を獲得した。民主党政権下での第二党である自民党は分裂などを経験せず，3年半後には公明党とともに政権を奪還した。ところが，2012年に政権を失った民主党は，与党時代の末期に既に分裂しており，野党に戻ってからも離合集散を繰り返した。2017年総選挙に際して，離合集散の過程で名称を民主党から民進党へと変えていた第二党は完全に分裂し，その後の紆余曲折の末，立憲民主

党と国民民主党などに分かれる形となった。選挙後に再び大部分が合流して立憲民主党が第二党の地位を確立したが，その勢力も支持率も自民党には遠く及ばない。次期首相候補として，立憲民主党の政治家が注目されることも稀である。結果的に，上位二党間に政権をめぐる争いがあるという二大政党制の基本構図は成立していない。自民党・公明党は，政権復帰してからの年数はそれほどではないのに，長期にわたって与党であるという印象を与えている。

（2）55年体制の再来なのか

　このような状況は，一見したところ，55年体制が安定した後の時期とよく似ている。1960年代半ばには自民党政権が安定し，社会党が政権獲得の意欲を失い，政治家だけではなく有権者や官僚も自民党が与党であり続けることを前提に政治を見るようになった。政策決定は，自民党内部において省庁と協働して進められる政策立案によって実質的に代替され，自民党以外の政党が唱える政策は提言や地方での実践例以上の意味を失った。選挙は，自民党の単独政権が継続されることを前提としつつ，その範囲内での議席の増減によって政党ごとの勝敗が語られるようになった。サルトーリの概念を使えば，一党優位政党制である（『現代政党学』）。一党優位政党制は，第一党として与党の地位を占める優越政党が，3回連続で下院選挙に勝って政権を維持すれば成立するとされる。だとすれば，現在の日本を一党優位政党制と呼ぶことは誤りではない。

　しかし，既に第5章でも言及したように，サルトーリによる一党優位政党制の議論には，それがなぜ成立するのかという因果関係の検討が乏しいという特徴がある。55年体制下の日本のように，今日から見て既に起こったことについて名称を与えるためには便利だが，近年の日本政

治で起こっていることを理解するための手がかりとしては使いづらいのである。

　自民党は 2000 年，03 年，05 年の総選挙でも連勝して政権を維持し，とくに 05 年は 480 議席中 296 議席を獲得する圧勝だったが，09 年には結党以来最低の 119 議席にまで勢力を減らす惨敗を喫して政権を失った。このように勢力変化が激しい場合に，一党優位や優越政党といった概念を機械的に当てはめるべきではないはずだが，定義上はそう呼ぶことも可能になってしまう。また，自民党が政権復帰後に 2014 年，17 年，21 年の衆議院選挙で連勝したからといって，直ちに優越政党と呼んでよいかどうかも同様に判断が難しい。第二次安倍政権の下では比較的短い間隔で解散総選挙が行われたこともあり，連勝しているといっても年数的には短く，やはり一党優位という概念を使うことには躊躇がある。

（3）環境と制度の違い

　むしろ，同じように自民党が 3 回以上の衆議院選挙にわたって政権を維持していても，そこに存在する因果関係に注目すれば，55 年体制と現在の日本の政党政治には大きな違いがあると考えるべきであろう。ここで重要になるのが，政党政治に影響する 2 つの要因，すなわち環境要因と制度要因である。

　環境要因については，冷戦が終わってグローバル化が進展する一方で，その弊害も目立ち始めた国際環境の違いは無視できないが，より大きな意味を持つのが国内の社会経済環境である。55 年体制の時代は，高度経済成長とその後の安定成長の時期にほぼ重なる。物価上昇や環境問題（公害）などは深刻だったが，少子高齢化や雇用の不安定化といった課題はほとんど起こっていなかった。それに見合うように，有権者の政党支持は相対的に安定しており，職業や社会階層と政党支持の連関も

明確であった。今日，このような環境はほぼ失われている。政策課題は複雑化し，経済的な分配問題として対処できる範囲は著しく狭まった。政党支持も安定性を低下させ，無党派層の増大とも相まって，どの政党も強い支持基盤を維持しづらくなっている。自民党は，現在の政党の中では最も安定的な支持基盤を持つ公明党との連立を続け，都市部に多い無党派層を短期的な政策で惹きつけることで，ようやく選挙に勝っているという面がある。それは，農村や都市自営業者に根を下ろした，かつての自民党とは異なる。

　制度要因としては，やはり選挙制度改革の影響が大きい。小選挙区比例代表並立制は中選挙区制に比べて比例性が低く，有権者の政党支持の揺らぎが増幅されて議席分布に反映されやすい。現在では，どの先進国でも政党支持の安定性が弱まり，選挙結果の変動が激しくなっている。日本の場合，選挙制度の比例性が下がったことは，政党支持の不安定化が及ぼす影響を強めることにつながっている。実際にも，2005年以降の衆議院選挙では第一党が60%以上の議席を確保しているのに対して，第二党は最大でも25%を下回る議席しか獲得できていないことが多い。その間に政権交代が2回起こったのは，政党間の勢力変動が極めて大きいことを意味している。連勝している第一党にとっても，2009年の自民党がそうであったように，何らかの失敗がきっかけとなって議席を一気に失う恐れが大きいのである。優越政党という概念では捉えきれない側面だといえよう。

　地方分権改革や内閣機能強化を含む政治改革の帰結としての政党組織の変化も，55年体制と今日の政党政治を異ならせている要因である。すなわち，社会経済的要因の影響を受けた政党の支持基盤の弱まりとは，政党が地域や職種に根を下ろしにくくなっていることを意味するわけだが，地方議員の減少などによって国政と地方政治のつながりが以前

ほどではなくなったことで，その傾向が助長されている。政党内部での意思決定の集権化，トップダウン化も，個々の議員や地方組織が表出する個別的な利害や事情が反映されにくくなることにつながる。さらに，選挙制度改革に際して導入された政党助成金の存在は，政党内部での資金の流れを集権化するとともに，地方組織を充実させて献金などを得る誘因を低下させた。これらはすべて，政党支持の安定性を低下させ，選挙結果の変動を激しくする方向に作用していると考えられる。

（4）若干の将来展望

　ここまで述べてきたように，現在成立しているのは外見上の一党優位政党制とでも呼ぶべきもので，それは55年体制下の政党政治とも，1990年代の政治改革に際して目指された二大政党制とも異なった姿である。今後それがどのように変化していくのか，あるいは継続するのかは，推測の域を出ない。しかし，大きく分けて3つのシナリオを想定することはできるだろう。

　1つは，このまま自民党が与党の地位を維持し，名実ともに優越政党になっていくという展開である。その過程で，支持基盤も再び安定するようになり，社会経済的環境と適合した「新しい55年体制」のようなものが確立される。このシナリオの難点は，55年体制を支えていた環境要因の再現が望めないところにある。先に述べたように，55年体制は冷戦と高度経済成長という2つの環境要因に下支えされていた。それらが復活するとは考えられず，財政的な制約も極めて大きい以上，いったん経済的な利益配分以外の政策課題に目を向けるようになった有権者を再び利益政治に引き戻すことも至難である。

　そうなると，脆弱で不安定な支持基盤に依拠しているに過ぎないが，公明党の協力や野党の分裂に支えられて自民党が与党であり続けるとい

う，2つ目のシナリオが現実味を帯びる。これを「外形的一党優位政党制」の成立と呼んでもよいだろうが，外形的という言葉からも分かるように，その内実は不安定であり，自民党は優越政党であるにもかかわらず長期展望に基づく政策を打ち出せないことになる。それが長く続いたときに，日本の社会経済にどのような影響が及ぶのかは，予測困難なところがある。

　第3のシナリオは，自民党と政権を争う第二党が出現し，両党と恒常的な協力関係にある政党を含めた二大政党ブロックの間での競争が起こることである。二大政党制化と呼んでもよいだろう。この場合，制度が与える誘因構造には適合的で，政策転換も起こりやすいという特徴があるが，現在は第二党にとって安定した政策路線を定めるのが難しい時代であることも指摘せねばならない。戦後の二大政党制は，経済界の支持を背景に自由主義を唱える保守系政党と，労働界などの支持を背景に社会民主主義を唱える左派系政党が，経済的利益配分をめぐって競争するのが基本構図であった。しかし今日，このような対立軸は既に消滅しており，どの先進国でも左派政党の模索が続いている。このような時代に，保守系政党である自民党に対抗する政策路線を，第二党が打ち出すのは容易ではない。

参考文献

北岡伸一『自民党——政権党の38年』中公文庫，2008年。
砂原庸介『分裂と統合の日本政治』千倉書房，2017年。
建林正彦『政党政治の制度分析』千倉書房，2017年。
中北浩爾『自民党——「一強」の実像』中公新書，2017年。
濱本真輔『現代日本の政党政治』有斐閣，2018年。

前田幸男・堤英敬（編著）『統治の条件』千倉書房，2015 年。

12 | 現代日本の首相政治

待鳥聡史

《学習のポイント》 本章では，内閣制度と首相の地位について，その歴史的
変遷を跡づけた上で，戦後改革と1990年代以降の政治改革がもたらした変化
を説明するとともに，近年注目されている官邸主導の意味を明らかにする。
《キーワード》 内閣機能強化，与党，官邸主導

1. 首相の地位の歴史的変化

（1）内閣制度以前

　幕末開国期から明治初年にかけて，近代的な統治機構を確立すること
は日本政治の大きな課題であった。1867年の大政奉還，68年1月（新
暦）の王政復古を受けて，新政府は幕府なき後の統治機構を構築しよう
とする。それは試行錯誤の連続であったが，次第に近代国家としての体
裁が整っていった。政治史研究者である清水唯一朗の研究などを参照し
ながら，手短にまとめておこう（『近代日本の官僚』中公新書）。

　当初採用された三職制は短命に終わり，1868年6月には政体書が発
布されて太政官制がとられた。太政官は，その名称から受ける印象とは
異なり個人が就く役職ではなく，複数の役職から構成される機構を指
す。この時点の太政官制（政体書官制）は古代の律令制にならいつつ，
三条実美と岩倉具視の2人が就いた輔相を長とする太政官に，立法や司
法を含む政治権力を集中することを基本構造としていた。しかし，この
仕組みもやはり長続きせず，69年8月には二官六省制（太政官と神祇

官を分離し、太政官の下に政治行政機構を置く）、さらに71年11月には三院制へと移行した。三院制の下では、太政官が政府全体を意味するという形式は維持されつつ、太政大臣を長として執政を担う正院、正院の諮問機関として立法機能を果たす左院、正院の下で行政機能を果たす右院へと分けられた。その直後には府県官制が定められ、廃藩置県後の地方行政に関しては地方官が担うことになった。

　1875年4月には、立憲政体樹立の詔が出されるとともに、さらなる統治機構の変革がなされた。まず、大審院が設置されて司法部門が実質的に政府から切り離された。左院は廃止されて元老院となり、帝国議会開設前の法典整備に一定の貢献を行ったが、正院が右院を吸収して確立された行政部門との関係では弱体であった。正院は太政大臣を頂点とし、左大臣・右大臣・参議から成る執政部門と、参議が卿として指揮監督する各省から成る行政部門を含み、明治政府の実質的な中核部分であった。参議と卿の兼職は権力集中を招くことから、両者の分離がなされた時期もあったが、分離すると両者の対立が問題となるなど、制度としての安定性を欠いた。最終的には、伊藤博文の提案によって1885年12月に太政官制は廃止され、それに伴って正院はなくなり、太政大臣や参議といったポストも終焉を迎えた。なお、元老院は帝国議会が開設された1890年まで、大審院は日本国憲法に基づく裁判所法が発効した1947年まで、それぞれ存続した。

（2）大宰相主義から小宰相主義へ

　太政官制の廃止とともに成立したのが、内閣制度である。ここで内閣総理大臣、すなわち首相という地位がはじめて登場する。初期の内閣制度は伊藤の構想に基づくもので、内閣職権という勅旨により具体的な内実が定められた。内閣職権は第1条で「内閣総理大臣は各大臣の首班と

して機務を奏宣し旨を承て大政の方向を指示し行政各部を総督す」とし
て，首相が他の閣僚や各行政省庁を統御する存在であることを明確に述
べる（引用中，カタカナはひらがなに改めた）。内閣職権に見られる首
相中心の政府運営のあり方を大宰相主義という。大宰相主義による首相
は文字通りの執政長官であり，執政部門としての内閣，その下の行政部
門である官僚制に対して強いリーダーシップを発揮することが想定され
ていた。

　しかし，内閣職権に見られた大宰相主義は，短期間のうちに変更を余
儀なくされる。1889 年 2 月公布の明治憲法には内閣についての規定が
なく，首相とその他の閣僚を区別することもせず，単に第 55 条 1 項に
おいて「国務各大臣は天皇を輔弼し其の責に任す」と定めたに過ぎな
かった（カタカナはひらがなに改めた）。同年 12 月，帝国議会開設直前
に定められた内閣官制により，先に挙げた内閣職権第 1 条は内閣官制第
2 条となったが，その際に最後の「行政各部を総督す」という部分が
「行政各部の統一を保持す」と改められた。憲法の規定を前提にすれば
「各大臣の首班」とは国務大臣として同格である閣僚の中の中心的地位
という意味になり，首相は「同輩中の第一人者」だとされた。文言が変
わった「総督」と「統一を保持」の違いはすぐには分かりづらいが，行
政部門に対する指揮監督を通じたリーダーシップの発揮は困難になり，
あくまで各省を所轄する大臣が指揮監督している官僚制の仕事ぶりにつ
いて，省ごとにバラバラにならず同じ志向性を持つよう求められるに過
ぎなくなった。このような首相のあり方を小宰相主義という。

　明治憲法体制は，憲法の条文や内閣官制に見られた小宰相主義により
他の閣僚や行政省庁との関係で首相のリーダーシップが制約されること
に加えて，内閣そのものの影響力行使の範囲が限定されるという，別の
大きな課題も抱えていた。天皇親政の外形をとり，憲法上のさまざまな

大権（行政大権・立法大権・統帥権など）を，各部門の補佐を得ながら天皇自らが行使するという明治憲法の基本構造から，大権行使を補佐する各部門はそれぞれに独立しているという位置づけになる。たとえば，統帥権行使を補佐する軍に対して，行政大権（官制と任官に関する大権）の行使を補佐する内閣が口出しすることはできず，もし口出しすれば天皇の大権を侵すことになってしまうのである。このような構造は，部門相互間の関係に注目すれば極めて権力分立的であり，内閣が君主による政治権力の行使を実質的には一手に代行する内閣制度のあり方とは，大きく異なったものであった。

（3）権力分立の弊害と体制の崩壊

　当初，権力分立的であることによって生じる問題は顕在化しなかった。伊藤博文や山県有朋など，内閣や軍を取り仕切っていたのは維新の元勲たちであり，天皇の法的地位を含む明治憲法とその下での統治機構そのものが彼らの作り出したものであった。当然，官僚や軍人は彼らが育ててきた人材であって，伊藤らがどのような役職にあろうとも，その指揮監督に服さないとは考えにくかったからである。彼ら元勲，さらにはそれに続く元老が健在である限り，制度上は分立して天皇を補佐するとされた各部門は，元勲・元老の下で統合されていた。

　しかし，桂園時代を経た日露戦争後になると，元老はその人数の減少や高齢化によって次第に影響力を低下させていった。そうなると，権力分立的な制度構造の影響が表れはじめる。

　元老に代わって首相の地位を担うようになったのは，山本権兵衛や寺内正毅のような軍人，そして政党の指導者たちであった。首相が政党に所属し，その党が与党として政権を支えるという意味の政党内閣は，1898 年の第一次大隈重信内閣（憲政党・自由党の連立，隈板内閣）が

最初だが，この時点での大隈や板垣退助の地位は政党指導者であるとともに維新の大功労者でもあった。より純粋な政党内閣，すなわち政党指導者であり帝国議会議員であることが首相の主たる権力基盤となる政党内閣は，やはり 1918 年の原敬内閣（政友会）ということになるだろう。原が 21 年に暗殺された後，中断期間を挟んだものの，24 年の加藤高明内閣（憲政会）から 32 年の五・一五事件で犬養毅内閣（政友会）が倒れるまで，8 年間にわたって政党内閣が連続した。この時期を政党内閣期と呼ぶ。政党内閣期の後には，戦時色が強まる中で再び軍人が多く首相に就任し，その多くは挙国一致内閣であった。

　時系列的には，元老やその支持を受けた首相，政党に基盤を置く首相，軍出身である首相がそれぞれ一時代を画したことになる。このような変化は，明治憲法体制下での首相と内閣が，制度的には行政部門のみを統御できるに過ぎなかったことと密接に関係する。首相や内閣が行政部門以外の政府部門（軍や帝国議会など）に影響力を行使しようとすれば，その部門との関係を属人的に構築するしかない。そのため，幕末維新以来の課題が残っている明治期には元老に，大正デモクラシー期のように帝国議会の正統性が強まった時期には議員を多く擁する政党に，昭和初期のように軍の存在感が高まると軍人に，それぞれ首相の座を委ねることになったのである。天皇のみが政治権力を握っており，その実際の行使については各部門に委ねるという明治憲法の基本構造は，部門間対立を調整する制度的メカニズムに乏しかった。複数の部門に影響力を行使し，対立を調整する能力を持つ人材や調整のための資源が枯渇すると，終戦の決定のように天皇の判断によるしかなくなったのである。

2. 戦後日本の「弱い首相」

（1）議院内閣制の採用

第二次世界大戦後の日本国憲法においては，第66条3項が「内閣は，行政権の行使について，国会に対し連帯して責任を負ふ」とし，第67条1項が「内閣総理大臣は，国会議員の中から国会の議決で，これを指名する」と定めて，首相と内閣が国会（衆議院）多数派からの信任によって存在する議院内閣制を採用することを明言した。第41条において国会は「国権の最高機関であつて，国の唯一の立法機関」だとされ，さらに前文が「日本国民は，正当に選挙された国会における代表者を通じて行動」することと「国政は，国民の厳粛な信託によるものであつて，その権威は国民に由来し，その権力は国民の代表者がこれを行使」すると述べることで，首相と内閣を生み出し，存続させる国会に極めて高い民主的正統性を与えた。国政におけるすべての正統性と権力の源泉が国民に公選された国会にあるがゆえに，その国会の多数派が選任し存続させている内閣は，立法部門の意思を踏まえて行政部門の運営に当たる権限を与えられ，責任を負うというのが，戦後日本政治の基本構造になったのである。

議院内閣制が日本国憲法で採用されたことは，大宰相主義の復活と同じではなかった。確かに，行政部門において天皇の大権行使を補佐するに過ぎないという明治憲法上の位置づけに比べれば，政府の運営の実質的な担い手としての内閣の地位は明らかに向上した。民主主義体制において最も正統性の高い機関である国会（衆議院）の多数派と信任関係にあることは，衆議院多数派の代理人としての内閣の民主的正統性も高めたのである。さらに，首相のみが国会により選挙されるという仕組みは，他の閣僚と首相の間に相違を生み出した。理論上，首相は他のすべ

ての閣僚を兼任することができ，独りで内閣を構成することもできるようになったからである。実際にも，新憲法による最初の内閣となった1947年の片山内閣は，連立交渉が長引いたことなどにより，首相が全閣僚を兼任する形で発足した。しかし，このような兼任はあくまで短期的かつ例外的な事柄に過ぎず，首相が他の閣僚に比して圧倒的な影響力を行使できるようになったわけではない。

　首相のリーダーシップを考える上では，憲法構造として議院内閣制が採用されていることに目を向けるだけでは十分とはいえない。第4章で述べたように，執政制度としての議院内閣制には広範なヴァリエーションが存在していること，また第5章や前章で扱ったように，首相の権力基盤を構成する重要な要素は与党との関係であり，その背景には第3章で見た選挙制度が存在することを無視できないからである。別の言い方をすれば，日本国憲法が議院内閣制を採用したことは，首相の地位を明治憲法下に比べて高めたが，それだけでは積極的なリーダーシップを発揮する「強い首相」に直結するとはいえないのである。

（2）行政官僚制との関係

　では，戦後日本の議院内閣制にはどのような特徴があり，与党との関係はいかなるものだったのだろうか。

　ここで「議院内閣制としての特徴」という言い方によって考えておきたいのは，主として首相・内閣と行政官僚制との関係である。執政制度の1つである議院内閣制には，統治エリートの間の分業すなわち権力分立が不明確である一方，委任と責任の連鎖が単線的になるという特徴があることは，第4章で述べた。単線的な委任と責任の連鎖とは，委任を受ける代理人には特定の本人しかいないことを意味する。この構造の下，首相を執政長官とする内閣は議会多数派（与党）の代理人，あるい

は議会多数派によって形成された特別委員会として，行政官僚制の活動を指揮監督し，政府の運営に当たる。このことから，行政官僚制と首相・内閣の関係に注目する必要が生じる。

　戦後日本の場合には，日本国憲法が議院内閣制を採用したが，内閣法をはじめとする行政法の基本的な考え方には明治憲法体制の小宰相主義の影響が色濃く残されていた。憲法においては，首相は内閣の「首長」であり（第66条），閣僚の任免権（第68条）と「行政各部を指揮監督」する権限（第72条）を与えられて，内閣職権の大宰相主義が復活したように見えた。しかし，憲法にあわせて施行された内閣法は，第3条において閣僚が「主任の大臣として，行政事務を分担管理する」と定め，行政官僚制の実質としての各省庁の組織について定める国家行政組織法も，第5条で同じく分担管理を規定する。これらの規定から，官僚制すなわち省庁を実際に指揮監督できるのは原則として「主任の大臣」である閣僚である，という分担管理原則が引き出された。その延長線上に，首相は内閣法第6条が「内閣総理大臣は，閣議にかけて決定した方針に基づいて，行政各部を指揮監督する」と定めることから，閣議において首相以外の閣僚が同意した場合に限り，省庁に対する直接的な指揮監督が可能であるという解釈が生まれたのである。

　内閣法や国家行政組織法に憲法と矛盾するような原則が本当に書かれているのか，他の解釈はあり得ないのかについては，疑問の余地もあった。しかし，内閣法制局はこのような立場をとり，長くそれに基づいて首相と行政官僚制の関係は弱められ，それが首相による影響力行使の制約要因として作用し続けた。「閣議にかけて決定した方針」を広く緩やかに解釈するにしても，それによって首相が関与できる政策は，政権としての最重要課題や緊急性の高い課題などに限られた。

　首相と行政官僚制の関係とは，とりもなおさず首相が自らの意向を反

映させた政策立案を行えるかどうかを意味する。分担管理原則によって各省庁に直接的な影響力を行使できないのだとしても，他の組織や官僚以外の人材を使って首相が政策立案を行うことができるならば，必ずしも制約要因にはならないはずである。しかし，実際にはそのような政策立案は容易ではなかった。首相が「主任の大臣」となる行政組織としては，総理府・内閣官房・内閣法制局などがあったが，総理府と内閣官房は首相自らの積極的な政策立案を支える組織としては小規模に過ぎ，内閣法制局は他の省庁が準備した法案の法的妥当性を審査する組織であった。行政官僚制の外部に政策立案の資源を求めることも，戦後いくつかの重要な場面では行われた。佐藤栄作首相による沖縄返還交渉の取り組みや，中曽根康弘首相による第二次臨時行政調査会を通じた行政改革への取り組みは，その典型例だといえるだろう。だが，それらは例外的な事例というべきで，全体として見れば，分担管理原則により首相は政策立案を進めるための資源を大幅に制約され，それを乗り越えるのは難しかったといわねばならない。

（3）与党との関係

　与党との関係はどうだったのであろうか。先にも述べたように，議院内閣制における内閣とは，議会（下院）多数派である与党によって選出され，信任されている特別委員会としての性格を帯びている。内閣にとって与党との関係は存続のための生命線であり，政策決定における最も重要な鍵となる。それは首相の場合も同様である。とくに戦後日本のように，首相のみが国会（衆議院）多数派によって選出される仕組みを採用している場合には，首相を目指す人物にとって与党からの支持を確保することは大きな意味を持つ。閣僚になりたいと考える与党議員たちが，任免権を持つ首相の意向に従うのであれば，分担管理原則による制

約も乗り越えやすくなるだろう。

　実際には，戦後日本政治において首相・内閣と与党議員の間に存在したのは，首相や閣僚が与党議員を従わせる関係ではなく，内閣に入っていない与党議員が政策決定の実質的な決定権を持つ関係であった。その背景には，分権的な政党組織と，それを生み出した選挙制度（中選挙区制）が存在していた。前章と重なるところも多いが，中選挙区制の下での与党政党組織について，改めてまとめておこう。なお，以下の本節の叙述において，与党とは自民党を指しており，自民党に言及している場合には与党時代の自民党を意味する。

　中選挙区制時代の自民党は衆議院でおおむね単独過半数を維持していたが，そのためには全国に130程度の選挙区しかない中選挙区制で260程度の議席を獲得せねばならなかった。単純計算で，1つの選挙区から2人の当選者が必要となる。中選挙区制は単記非移譲制，すなわち有権者は1人の候補者にのみ投票でき，同じ政党の候補者間で票の移譲も行われない仕組みでもあったから，自民党候補者は同一選挙区の自党候補との争いに臨むことになる。この争いを緩和するために，選挙区内で地域や業種に基づく支持基盤の差異化が図られることも多かったが，有権者に対して自民党という政党名を訴えるだけでは足りないことは変わらなかった。そのため，選挙運動や日常活動は候補者個人が中心となって進められ，それを候補者と関係が深い地方議員や業界関係者，所属する派閥が支援するのが一般的であった。そこに党執行部（幹部）の存在感は希薄である。

　このようにして当選してきた自民党議員たちは，党内における意思決定においても，執行部よりも派閥や支持団体の意向を重視する傾向が顕著であった。執行部に対する自律性の追求は，政策上の方針決定にも十分な発言や利害表出の制度的な場を求めることにつながる。政調部会を

起点とするボトムアップの党議決定の仕組みは，その結果として成立したものであった。政策領域ごとに，所轄省庁に対応する形で設置された部会において，省庁の官僚と密接に協調しつつ政策立案が進められる。部会で活躍するのが族議員である。族議員と官僚が作り上げた法案は，最終的には総務会でヴェテラン議員の多様な視点を含めて検討され，全会一致で党議決定となる。内閣側では，内閣法制局の審査と各省庁の事務次官会議，さらに閣議決定を経て内閣提出法案となるが，政策の実質的内容を決めているのは自民党内の過程であった。国会では，野党が反対するかどうかにかかわらず，単独過半数与党としての自民党が党議決定し所属議員を拘束している以上，内閣提出法案は9割以上が成立するのが通例となっていた。

　上に述べた中選挙区制時代の政策過程は，政府・与党二元体制などと呼ばれることもある。委任と責任の連鎖関係に引きつけていえば，議会多数派である与党が政府を運営するために内閣という特別委員会を選任し，その内閣と官僚を協働させて政策を作るのが議院内閣制の基本型である。しかし，政府・与党二元体制の場合には，主として形式面においてはこのような基本型に従う一方で，実質面については与党が政調部会をはじめとする内閣以外の特別委員会を設置し，それらと各省官僚の協働によって政策が定まるという特徴があった。当然ながら，首相と内閣の存在感は乏しくなる。首相は，党執行部の頂点である党首（自民党であれば総裁）でもあるが，ボトムアップの党内過程においては執行部の役割は限定的であるため，自民党総裁は与党党首としてもあまり影響力を行使できなかった。

3. 政治改革後の「強い首相」

(1) 首相権力はどう変わったか

　ここまで述べてきたように，明治憲法と日本国憲法，いずれの下でも首相が政策過程において行使できる影響力には大きな制約があった。明治憲法体制の場合には，行政部門そのものが他部門と並んで天皇大権の一部を構成するに過ぎないという権力分立的な性格と，内閣官制による閣内での首相の地位が，制約要因として作用していた。日本国憲法は議院内閣制を採用し，首相と内閣は民主主義的正統性を独占的に体現する「国権の最高機関」だと定められた国会との権力融合的関係を形成することで，その地位を向上させた。しかし，権力融合の実質を担う与党に対しては，主として中選挙区制に起因する政党組織の分権性のゆえに，首相（与党党首）は十分な影響力を行使できなかった。また，行政部門内部においては分担管理原則が存在し，首相は各省庁の「主任の大臣」である閣僚を通じてしか指揮監督を及ぼすことができないことにより制約を受けていた。

　戦後日本の首相にとっての制約要因であった中選挙区制と分担管理原則を変革したのが，1990年代に進められた政治改革であった。他の章で説明したことと一部重なるが，改革が首相権力をどう変えたのかを見ておこう。

　まず，選挙制度改革によって衆議院に小選挙区比例代表並立制が導入されたことは，選挙制度の比例性を低め，政党システムについては上位二党間の政権をめぐる競争を生み出し，政党組織については執行部への集権化につながった。詳細な因果関係は前章などでふれたので繰り返さないが，選挙制度改革の結果として，自民党をはじめ首相を輩出するような大政党における意思決定は，ボトムアップからトップダウンに変化

することになった。小選挙区で当選するには特定の支持基盤の利益表出を重視したり，特定の政策分野に精通するだけでは不十分なので，若手から中堅の政治家が族議員になる誘因も乏しくなった。また，上位二党が政権をめぐって争い，2009年や12年のように実際に政権交代が起こるようになると，与党の族議員と密接に連携しながら政策立案を進めることは，各省官僚にとって利点ばかりではなくなっていった。

　行政改革，とくに内閣機能強化によって分担管理原則が緩和されたことにより，首相は各省大臣である閣僚を介することなく官僚を指揮監督できることが明確化された。また，首相を「主任の大臣」とする内閣府が，総理府や経済企画庁などいくつかの組織を統合して創設された。内閣府には特命担当大臣が置かれ，首相が指示する具体的な政策課題に即して政策立案を指揮することになるが，それは「主任の大臣」としてではなく，むしろ首相の意向を代弁する存在であった。内閣府は，各省庁からの出向者や，国家公務員試験を経ずに高度な専門能力により任用される官僚を多く集め，重要な政策立案の多くに関与するようになった。改革前から存在する内閣官房も，内閣官房副長官補の新設や首相補佐官制度の拡充などにより，その実質的役割は大きく広げられ，首相の政策立案や政治判断を補佐する組織としての位置づけが明確になった。官房長官が内閣において果たす役割も，より重要になった。

（2）変革の効果の顕在化

　これらの制度変革は，政策過程に対して決定的な効果を及ぼした。いわゆる「官邸主導」の確立である。官邸主導とは，2001年に発足した小泉純一郎政権の後半期から使われるようになった用語で，厳密な定義があるわけではない。一般的には，首相とその周辺にいる少数の政治家（官房長官・政務の官房副長官・内閣府特命担当大臣・与党執行部など）

や首相を補佐する少数の官僚（事務の官房副長官・副長官補・首相補佐官・首相秘書官など）が中心となり，トップダウンで主要な政策を進めていくことを指している。

　選挙制度改革に基づく小選挙区比例代表並立制により最初の衆議院議員選挙が行われたのは1996年，内閣機能強化が内閣法などの改正によって実施に移されたのは2001年のことであった。とくに選挙制度改革が政党システムと政党組織に与える効果については，当初懐疑的な見方も少なくなかった。しかし，まずは政党システムにおいて自民党に挑戦する第二党の勢力拡大が顕著に見られるようになった。2000年代に入ると民主党が挑戦者の地位を確立し，09年には政権交代を実現した。その間，政党組織の集権化も進行した。とくに自民党はそれが目立っており，2005年の衆院選に際しては総裁であった小泉純一郎の指示で郵政民営化に反対する候補者の差し替えも行われた。今日，自民党内部での執行部への服従やトップダウンが語られることはあっても，ボトムアップが特徴だとされることは稀になった。

　行政官僚制の政策立案についても，財務省や外務省など，かつては大きな影響力を誇っていた省の存在感の低下が指摘されている。国土交通省や厚生労働省など，専門性に立脚した自律性を持っていた省も，役割が縮小したわけではないが，自律性は明らかに弱まっている。自民党の族議員との協調関係も，以前とは比べるべくもない。代わって台頭し，多くの政策課題に関与しているのは内閣府である。今日，内閣府は極めて広範な政策領域を扱っており，その広範さや多忙さがむしろ問題視されるほどにまで至っている。小泉政権においてとくに大きな影響力を持っていた経済財政諮問会議なども，内閣府の下に設置されている。同様に，内閣官房も所轄する法案数が増大するなど，役割が大きくなっていることが明らかである。さらに，2014年には内閣人事局が設置され，

各省の幹部官僚の人事にも首相官邸が制度的に関与することになった。政策立案の集権化と各省の自律性低下は，今日の顕著な特徴となっている。

（3）官邸主導のヴァリエーション

　官邸主導は明らかに政治改革の帰結だが，その程度や具体的なあり方は，政権によって違いがある。2001 年から 06 年にかけての小泉政権，2012 年から 20 年まで続き近代日本政治史上最長の存続期間となった第二次安倍晋三政権は，いずれも官邸主導の代表的な政権だとされる。しかし，両者の官邸主導はその内実にかなりの違いがあり，小泉政権は内閣府を活用したのに対して，第二次安倍政権は内閣官房の存在感が大きかった。また，2007 年からの福田康夫政権（自民党など）や 11 年からの野田佳彦政権（民主党など）は，首相の影響力が弱い政権だったと見なされることがある。だが実際には，福田政権での消費者庁設置や野田政権での「税と社会保障の一体改革」など，首相以外の政治家の関心が乏しかったり，与党内部に抵抗が強い政策課題であっても，首相の意向で実現させている。官邸主導は，日本の政策過程の新しい常態なのである。

　注意せねばならないのは，官邸主導は日本政治に「強い首相」を生み出したが，それは首相が「賢い」政策選択を行うことと同じではないことである。小泉政権が経済財政諮問会議を活用した際には，竹中平蔵や大田弘子らのエコノミストが政策立案に本格的に参画した。第二次安倍政権が「アベノミクス」を唱えたときにも，浜田宏一ら業績のある経済学者が理論的根拠を提供した。しかし，社会経済の構造改革や物価上昇率の目標設定など，彼らの政策提言の妥当性については同じ分野の専門家の間でも評価は分かれていた。政策の社会的帰結まで含めて考えたと

きに，専門家を活用すれば最適の政策が選択できるとは限らないのである。また，鳩山由紀夫政権における米軍普天間基地の移設問題や第二次安倍政権末期以降の新型コロナウィルス感染症対応のように，首相が専門家の助言を十分得ずに進めようとした政策は，首相の影響力が大きいだけに激しい混乱を引き起こすこともある。

　官邸主導によって首相の影響力が以前とは比べものにならないほど強まったことを前提に，首相が賢明で適切な政策選択を行う可能性をできるだけ高めるためには何が必要だろうか。専門家の役割や政党内部でのリーダーの育成方法などについて，今後も考えていかねばならないのだろう。

参考文献

飯尾潤『日本の統治構造』中公新書，2007 年。
竹中治堅『首相支配』中公新書，2006 年。
建林正彦『議員行動の政治経済学』有斐閣，2004 年。
牧原出『崩れる政治を立て直す』講談社現代新書，2018 年。
待鳥聡史『首相政治の制度分析』千倉書房，2012 年。
山口二郎『内閣制度』東京大学出版会，2007 年。

13 | 現代日本の官僚制と利益集団

待鳥聡史

《**学習のポイント**》 本章では，第二次世界大戦後の日本には多元的な政治過程が成立しており，そこでは官僚制や利益集団も重要ではあるが多数のアクターの1つであったこと，さらに両者はいずれも1990年代以降に再び大きな変化を経験していることを述べる。

《**キーワード**》 行政改革，官僚制，利益集団

1. 官僚制・利益集団・市民社会

（1）近代官僚制とは何か

　官僚制の存在は，しばしば近代国家の特徴として挙げられる。もちろん，政治権力者の下で徴税や法執行に当たる官僚は古代から存在したし，君主の重臣として支配地域の統治に関与する官僚は不可欠であった。官僚により構成される組織を官僚制と呼ぶならば，官僚制もまた古代から存在したのだといえる。しかし，これらはドイツの社会学者マックス・ヴェーバーがいうところの家産官僚制であり，君主の個人的な側近やその配下にある者が統治の実務を担っていたに過ぎなかった。官僚制が固有の社会集団として存在するのは，ヴェーバーのいう依法官僚制が生まれてからのことであり，それは常備軍などと並んで，近代国家の成立の重要な要件であった。依法官僚制のことを，通常は近代官僚制あるいは単に官僚制という（『支配の社会学』世良晃志郎訳，創文社）。

　近代官僚制は，血統ではなく能力による任用，指揮監督系統が明確な

階統性による組織構造，立法やそれに基づく規則に依拠した行政実務などを基本的特徴とする。そして，政府の役割が拡大するにつれてその業務は多様化，複雑化するようになる。その過程で大きな意味を持ったのが，国民国家の成立である。国民国家とは，領域（領土）内に居住するほぼすべての人々を国民として把握し，政府は国民から資源（税や兵役など）を獲得するとともに，国民にサーヴィス（安全や社会保障）を供給することで存続する国家である。18世紀末にフランス革命が起こり，その後のナポレオンによる支配を経て，19世紀にはフランスのみならずヨーロッパ各国に国民国家が成立した。

　国民国家における資源とサーヴィスの交換関係の内実は，時期によってさまざまだが，おおむね拡大してきたことは疑いがない。交換関係が拡大する過程で，官僚制の役割も著しく増大した。民主主義に基づく政治参加も，もともとはこのような交換関係の一部であった。

（2）日本の官僚制

　日本も例外ではない。近代国家の確立を目指した明治政府は，前章で見たように統治機構の整備を急ぐとともに，行政実務を担う近代官僚制の確立にも心血を注いだ。当初は維新に貢献した諸藩，とりわけ薩長土肥の武士出身者が就くことが多かった官僚は，各省庁の組織的安定や近代教育制度の成立を受けて，明治20年頃に当たる1880年代末には試験合格を通じた任用（資格任用）へと転換した。明治憲法体制は，行政部門が立法や司法といった政府他部門から高い自律性を保って天皇を補佐することとされており，官僚制の役割は極めて重要であった。中でも高等文官試験（高文行政科）は，その合格者が各省庁に採用されて政策立案を一手に担ったことから，近代国家としての日本の屋台骨を支える存在であった。その合格者は大多数が東京帝国大学をはじめとする帝国大

学や官立大学の出身者であった。

　第二次世界大戦後，新しい憲法の下で，統治機構における行政部門の位置づけは大きく変化した。国民主権と議院内閣制が確立し，民主主義的正統性を担う国会に基盤を置く内閣の下で，官僚制は政策立案や政策実施を担う存在とされた。昭和戦前期に官僚制を圧迫した軍部は消滅したが，国会の多数派である与党との関係は常に意識せざるを得なくなったのである。そして，自民党長期単独政権が安定するにつれて，国民の政策ニーズは与党である自民党を介して政策過程に反映される傾向を強めた。高度経済成長は産業活動を盛んにし，各種の業界団体もまた自らの政策要求を強めるようになった。

　多岐にわたるアクターが，自らの理念や利害関心に基づいて，さまざまな政策を実現させようと行動する政治過程を多元主義的政治過程と呼ぶことがある。戦後日本には，この意味での多元主義的政治過程が成立したのである。官僚制は依然として学歴や能力に優れた人材を集めてはいたが，多元主義的政治過程においては主要なアクターの1つに過ぎず，政策に対する影響力はゆるやかに低下した。その傾向は，時代が下るほどに強まっていった。

　なお，今日では中央政府の行政官僚制組織について，政府文書などでは「府省」と呼んでいる。大臣や事務次官が置かれる行政組織が，内閣府と財務省や外務省などの省に限られ，かつての科学技術庁や国土庁のような存在（いわゆる大臣庁）がほぼなくなったからである。しかし，2001年の中央省庁再編まで用いられた「省庁」という用語の方が依然として馴染みがあるように思われるので，以下では基本的に「省庁」と呼ぶ。

（3）利益集団の隆盛

　55年体制期の政治過程において，官僚制とは反対に，その存在感を強めたのが利益集団であった。政治学者の辻中豊は，利益集団とは「社会の中で，政治的に活性化した人々の行動の集合」であり，その中で恒常的な組織を持ったものを利益団体と呼んでいる（『利益集団』東京大学出版会）。別の論者の定義によれば，利益団体とは政府の外部から公共政策に影響を与えるために活動する組織だとされる。ここでは両者を区別せず，利益集団という用語を利益団体と同じ意味で使うことにしよう。利益集団政治という言葉には負のイメージがつきまとうが，民主主義体制の下で政治過程が多元主義化していることの証左でもある。

　戦後日本の利益集団の代表例は，経団連のような経済団体，連合のような労働団体，日本医師会のような専門家（職能）団体である。各種の業界団体と呼ばれるものも，ここにいう利益集団に該当する。利益集団は，関心を持つ政策領域において構成員の利害を踏まえた行動をとるだけではなく，しばしばその政策領域における専門知識を持っている。そのため日本に限らず，複雑な政策課題が多くなった現代の先進諸国においては，利益集団の意向を無視した政策を展開することは難しくなっている。日本の場合，自民党と経済団体，かつての社会党や共産党と労働団体など，政党を通じた利益集団の利害や専門知識の政策過程への反映がなされるほか，各省庁が設置する審議会への参画を通じても，利益集団の意向が反映されてきた。

　政治学者の丹羽功の整理に従えば，戦後日本の利益集団政治は，大きく3つの時期に区分して理解するのが適切である（「利益団体論」坂本治也（編）『市民社会論』法律文化社）。最初が1950年代後半で，農協や旧軍人団体などが政府に積極的な要望活動を行って注目された時期である。それは集団構成員の利益追求に特化した団体の活動が目立った時

期であり，利益集団はしばしば圧力団体と呼ばれた。次が60年代であり，都市問題や環境問題などに関心を持つ集団が増大した。これらはアメリカで公共利益団体（public interest group）と呼ばれるものに近いが，日本では市民団体という名称が与えられて，圧力団体と区別する傾向が見られた。市民団体は左派政党や革新自治体とのつながりが強かったが，70年代には自民党も福祉の拡充や公害対策に力を入れるようになり，政策への影響力は大きくなった。さらなる変容を経験したのが，90年代後半以降のことである。従来型の利益集団の影響力低下と，非営利組織（NPO）などの新しい団体の出現が，この時期から今日までの最大の特徴となっている。

（4）市民社会と利益集団

　現代の利益集団は，一方においては政策過程で構成員の利益追求を図る存在であり，他方においては政策課題の適切な解決に不可欠な専門知識や情報を提供する存在でもある。利益集団が政策過程で役割を果たすことは，民主主義体制の下での政治が，選挙を通じた民主的正統性（手続き的正統性）だけではなく，課題への的確な応答能力（実体的正当性）を確保する上でも大きな意味を持つ。

　また，利益集団は社会を構成する個々人と遊離した存在ではなく，個々人から成る社会（市民社会）にとって重要な役割を果たすことも忘れてはならない。有権者を出発点とした，選挙以外の手段による民主主義の活性化については，第10章において投票外政治参加として見たところである。しかし，有権者は個々人として政治に参加するだけではなく，利益集団の構成員としても参加することができる。現代の政治の実態としては，投票外政治参加の具体的な機会は，集団構成員としての動員による方が多いともいわれる。労働組合や学校関係団体（PTAなど）

のメンバーとして，何らかの集会などに参加した経験を持つ人は，決して少なくないだろう。戦後日本政治のように投票外政治参加が低調である場合には，利益集団のこのような役割にも注目すべきなのである。

　なお，個人が利益集団に加わり，集団を通じた投票外政治参加を行うのは，多元主義的政治過程の主役としての集団という位置づけと組み合わされて，長らく民主主義体制の安定の鍵だと考えられてきた。古くは19世紀前半のトクヴィルのアメリカ民主主義論がその代表であり，第二次世界大戦後にはナチス・ドイツのような全体主義体制との対比において，利益集団の価値は高く評価されてきた。近年も，第10章で取り上げたソーシャル・キャピタル論は，市民社会にとって利益集団が果たす役割を重視する傾向にある。これらの議論において想定されている利益集団は，公共利益団体やNPOのように，多くの人々に関係する社会的課題について取り組む集団だといえる。

　しかし，社会的課題のための集団だからといって，いわゆる民主的な組織であるかどうかは別問題である。政策過程での影響力を最大化するには，集団の持つ資源の合理的な活用が不可欠であり，そのためには熱心な活動家が組織内で大きな発言力を持つことは当然にありうる。これはかつて，アメリカの社会学者マンサー・オルソンが集合行為問題として定式化したものだが，市民社会にとっての利益集団の意義を考える際には，今日も無視できないポイントだといえる（『集合行為論』依田博・森脇俊雅訳，ミネルヴァ書房）。集団が人々に広く門戸を開き，内部で自由闊達な熟議がなされることと，政策への影響力を確保することは，むしろしばしば矛盾するのである。

2.　官僚制と外部アクター

（1）2つの所与の条件

　ここまで見てきたように，戦後日本のように多元主義的な政治過程においては，代議制民主主義の委任と責任の連鎖関係の下で制度的正統性を持つアクター以外にも，NPOなどを含む利益集団が影響力を持つことが少なくない。しかし，それは制度的正統性を覆すことを意味しておらず，むしろ政治家（政党）や官僚（省庁）が利益集団の関与を受け入れることによって成り立っている面がある。言い換えれば，利益集団の関与が政策の実質的な正当性を高めるにしても，それは政治家や官僚が持つ制度的正統性と離れて存在することはできないのである。また，国会による法案修正が稀である日本の場合には，利益集団の関与は与党事前審査を含む政策立案においてだと考えられる。

　そこで本節においては，政策立案に重要な役割を果たす官僚制，より具体的には行政省庁が，利益集団を含む他のアクターとどのような相互作用を生み出しているのかを考えることにしよう。

　官僚制にとって，政策過程で最も重要なパートナーは政党，とくに政権与党である。政党と官僚制の関係を政官関係と呼ぶが，その実質は与党と官僚制の関係だといえる。とりわけ，戦後日本のように自民党が長期単独政権を継続し，与党の入れ替わり（政権交代）が多くない場合には，与党と官僚制の関係が政官関係の大部分を占めることになる。そして，政官関係論は多くの人々の関心を集めてきた。その歴史は明治憲法体制期にまで遡れるが，ここでは戦後に限って述べておきたい。

　戦後日本の政官関係は，前章でも述べたように，2つの条件を所与として始まった。

　1つは，新しい憲法の下で議院内閣が採用され，国会多数派が生み

出し，支える内閣が持つ民主的正統性が，官僚制の活動を規定するようになったことである。明治憲法体制の場合，行政部門は立法部門とは別個に天皇を補佐するという仕組みであり，実際にも超然内閣や軍部内閣など帝国議会との関係が弱い政権は珍しくなかった。行政官僚制の活動の正統性も，天皇の大権の一部を担うことから生じていたのである。これに対して，日本国憲法は「国権の最高機関」である国会が，官僚制を含む政府のすべての活動の正統性の源泉となると定めたのである。

　もう1つの条件は，首相ではなく各大臣が官僚制を指揮監督するという仕組みが明治憲法体制から引き継がれ，内閣法や国家行政組織法により分担管理原則として定められたことである。分担管理原則があっても，閣議で認められれば首相は指揮監督が行えたのであり，また大臣はほとんどが与党政治家である以上，原理的には国会に正統性を依存していることに違いはない。しかし実際には，大臣が省庁の政策課題に具体的に関与して官僚を指揮監督することは困難であり，分担管理原則は官僚制が政権与党や内閣からの統御を受けずに自律性を保つための仕組みとして機能しがちであった。

（2）官僚優位から政官協調・政党優位へ

　新しい憲法の下における初期の政官関係は，明治憲法体制の影響が色濃く残っていた。国会と政権与党は制度的正統性を著しく高めたが，それに見合うほどには政策過程での影響力を確保できていなかった。その大きな理由は，戦前の帝国議会と政党は政策立案を行う機能に乏しく，官僚制に依存していたが，それが続いたことに求められる。占領期にはとくに奨励されていた議員立法も，その多くは事実上省庁が立案したものであった。吉田茂が官僚出身者を大量入党させたため，やがて自民党に合流する保守政党は官僚制との接点を拡大し始めたが，政策立案能力

の向上に直結したわけではない。また，この時期には野党議員となる官僚出身者もいた。あえてゼロサム的な表現を使うならば，この時期の政官関係は官僚優位だといって良いだろう。

　様相が変化するのは，1960年代に入ってからのことである。55年に保守合同により自民党が誕生し，59年には衆参両院で過半数の議席を確保したことで，長期単独政権の基盤が形成された。官僚制は自民党とのつながりを強め，官僚から国会議員に転じる場合にも大多数は自民党に所属するようになった。自民党内には政策立案のための組織として，政務調査会の部会と審議会が設置され，総務会での了承を経て党議とする仕組みが確立されていった。この仕組みは与党事前審査と呼ばれる。与党事前審査は内閣提出法案にも適用され，自民党が検討と了承を済ませない限り，内閣が法案を提出することはできなかった。国会に提出された法案はほとんどの場合に修正されることなく成立したから，政策決定の実質的な場は国会から与党事前審査へと移行した。各省庁にとって，実現したい政策を立法化するには自民党と密接に協力することが不可欠となった。政官協調の時代である。

　与党事前審査が政策の立案と決定の双方を事実上意味するようになると，自民党には政策に精通した議員が多くなっていった。とくに政調部会で活躍する若手・中堅の議員は，関心のある政策領域において所轄省庁の官僚を超える専門能力や政策立案経験を持ち，族議員と呼ばれるようになった。1970年代半ばに石油危機が起こって高度経済成長が終焉を迎えると，財政状況の悪化とともに政策の優先順位づけが必要とされた。それは与党にしかできないことであり，官僚制の与党への依存はさらに強まって，政党優位という言い方もなされた。しかし，自民党もまた政策転換を得意としていたわけではない。中曽根政権期の第二臨調（第二次臨時行政調査会）をはじめとする政策転換の試み，竹下政権期

には消費税導入によって歳入構造の変革も進められたが，冷戦終結後の国内外の環境変化への応答としては不十分であった。

（3）選挙制度改革と行政改革による変化

　かくして1990年代には，応答能力向上のための制度変革が進められることになったのである。その際に焦点になったのは，戦後の政官関係の前提となっていた2つの条件，すなわち議院内閣制と分担管理原則の関係であった。議院内閣制の下でも，政治家である各省大臣が分担管理によって官僚を指揮監督するのだから，両者の間に矛盾はないという説明は可能である。しかし実際には，分担管理原則は首相が自らの方針に沿って行政官僚制に政策立案を行わせることを困難にし，内閣を「中抜き」にして族議員と各省官僚が主導し，そこに業界団体などの利益集団が関与する政策過程を生み出していた。政策過程における内閣の位置づけを改めて明確化し，そこでの首相の役割を確立することが必要であった。そのためには，分担管理原則を緩和して，族議員と各省官僚ではなく首相と官邸（首相に近い政治家や官僚）が中心となった政策立案を進める改革が追求された。

　具体的な方策が，選挙制度改革と行政改革である。これらによって，政官関係は大きく変貌した。既に第11章や第12章でふれたことと重なるので，ここではそれぞれ手短に見るに止めよう。

　選挙制度改革は，衆議院に中選挙区制に代わって小選挙区比例代表並立制を導入することで，大政党中心の政党間競争と政党内部組織の集権化を目指した。政策立案への影響という点でとくに重要だったのが，政党内部組織の集権化である。中選挙区制の下で衆議院の単独過半数を維持していた自民党は，1つの選挙区から複数の当選者を出すのが通例であった。それは，一方において当選に必要な得票率を下げ，議員に選挙

区内のマイナーな利害関心を表出する行動を促すが，他方では選挙区における競争が他党候補者とではなく同じ自民党の候補者との間に生じることになり，支持基盤へのサーヴィスによる差異化への誘因として作用した。族議員はこれらを背景に誕生した存在であった。小選挙区中心の選挙制度への改革は，選挙区内の有権者の過半数からの支持と，自民党内部での競争ではなく他党との競争に勝つことを追求する行動へと，政治家を導くと考えられたのである。また，大政党に所属しなければ当選が難しくなるため，執行部（幹部）主導の党運営につながるとされた。与党執行部の頂点にいるのが，首相である。

　行政改革は，省庁再編と内閣機能強化を2つの柱として進められたが，政官関係に決定的な影響を与えたのは内閣機能強化である。分担管理原則を緩和して，首相が各省官僚を直接的に指揮監督することを例外扱いしなくなったほか，内閣官房の拡充と内閣府の創設によって首相直属の官僚を大幅に増やした。ここでいう直属とは，主務大臣（分担管理する担当大臣）が首相という意味である。さらに，内閣府特命担当大臣の創設，首相補佐官の明確な制度化などによって，首相が自らの意向に沿った政策を立案し，推進していくための組織が確立されたのである。今日，政権が重視する政策課題について，官房長官，特命担当大臣，首相補佐官らを含む首相官邸が関与していないことはまずない。いわゆる官邸主導とは，このような政策過程のあり方を指す。

（4）利益集団との関係変化

　1990年代の制度変革がもたらした政官関係の変化は，官僚制と利益集団との関係にも影響を及ぼした。1990年代初頭までの55年体制下では，自民党の族議員や各省官僚と連携して政策過程に関与していた利益集団は，近年の官邸主導の強まりとともに，その影響力を減退させて

いる。

　一見したところ，内閣府に設けられた経済財政諮問会議のようなマクロ経済政策の立案に深く関係する組織に経済界の代表が必ず入るなど，利益集団の関与は続いているようにも思われる。しかし実際には，メンバーに入っていても意向が尊重されるとは限らないこと，その会議体が重視されるかどうかも政権ごとに異なること，さらに政権交代が起きると構成メンバーの大幅な入れ替えなども起こりうることなどから，影響力は以前に比べてはるかに不安定になっている。また，官邸は常に多くの重要な政策課題を抱えており，その優先順位づけこそが最も大事な役割となっている。特定の政策課題についてのみ強さを持ち，他の政策課題との間での優先順位づけには関与できない利益集団の影響力は，低下せざるを得ないのである。ただし，政権交代が起こったことなどにより，55年体制下では恒常的に関与の機会を与えられていなかった市民団体やNPOなどの中には，政策過程への関与を増やしている場合もある。

　官僚制と外部アクターとの関係を考える上で，近年明らかな変化が生じているもう1つの領域が，地方自治体（地方官僚制）との関係である。詳しくは次章で見ることになるが，かつて中央省庁と地方官僚制の間には極めて密接な関係があり，しかもそれは主従関係に近い面を持っていた。中央省庁が地方自治体を指導するという構図である。しかし，1990年代以降に進められた重要な制度変革の1つである地方分権改革により，地方自治体は行財政面での自律性を大幅に高めた。具体的には，機関委任事務の廃止や三位一体改革による税源移譲などである。その結果として，中央省庁が地方の行財政運営に関与する機会は大幅に減少した。もちろん，日本は連邦制国家ではなく単一主権国家であるため，中央政府の意向を全く無視した地方自治が行われるわけではない。

しかし，中央省庁と地方官僚制が主従あるいは上下関係によって密接に連携するという構図は，今日では大きく崩れており，両者の足並みが揃わないことも珍しくなくなっている。

3. 官僚制の内部メカニズム

（1）省庁間の関係

　本章の最後に，省庁という組織は相互にどのような関係にあるのか，組織の中で個々の官僚はどのように働いているのかについてもふれておきたい。

　省庁間の関係については，その序列の存在が長らく指摘されてきた。前章で述べたように，明治政府が近代国家としての行政組織を確立する過程で，最初に「省」という組織名称が登場するのは1869年の二官六省制だが，その際に設置されて今日まで同一名称で存続しているのが外務省，2001年の改称まで存続したのが大蔵省である。外務省は外交を担い，国内の資源配分（どのような財源から歳入を確保し，それをどのような政策課題に振り向けて歳出を行うか）にはあまり関与しない。そのため，資源配分について大きな影響力を持ち，歴史も古い大蔵省が長らく省庁間関係の頂点にいると考えられてきた。このほか，戦前には警察や地方行政を管轄して治安維持に大きな役割を果たした内務省が，戦後には経済政策の立案と実施に携わる通産省（現在の経済産業省）が，それぞれ大蔵省と並ぶ重要省庁とされた。また，戦後に解体された後にも，旧内務省系の省庁として地方自治体と深く結びついた自治省や警察庁の威信も高い時代が続いた。

　これらの省庁では，大臣が置かれていれば，しばしば経験豊富で既に閣僚になったことがある政治家が就任した。また逆に，大臣になる政治家の経験の差が省庁の序列関係をさらに強める部分もあった。公務員試

験を経て就職しようとする学生からの人気も，とりわけキャリアと呼ばれる幹部候補生の場合には，この序列と重なり合う部分が大きかった。

（2）政策過程との関係

　このような大蔵省を頂点とする省庁間の序列は，政策過程のあり方とも密接に結びついていた。

　各省庁にとって，所轄する政策分野に予算が配分されるかどうかは，死活的に重要である。毎年度の予算編成作業は前年夏から始まるが，その際に新規の政策プログラムを認めてもらうには，各省庁の担当者が大蔵省からの査定を受ける必要があった。査定を担当する主計官は大蔵省のキャリア官僚にとっても花形のポストであり，省内の事務側トップである事務次官には，主計局長経験者がなるのが通例であった。手強く厚い大蔵省の査定の壁を乗り越えるべく，各省庁は政策プログラムの必要性や合理性を主張するのはもちろんだが，55年体制期の後半になると，自民党の族議員や関係業界団体（利益集団）の支援を得て対抗を試みるようになった。

　同様のことは歳入側でも起こった。大蔵省で歳入を扱う主税局は，毎年度の税制を扱う政府税制調査会（政府税調）に対して大きな影響力を持っていたが，さまざまな利益集団は自民党税制調査会（党税調）に接近することで，業界ごとの税制優遇措置などを勝ち取っていったのである。大蔵官僚支配などといわれた政策過程は，多元主義的政治過程の登場とともに変化していったのである。

　1990年代に行われた行政改革の結果として，2001年には中央省庁再編が行われた。これは，新しい国際環境や社会経済環境に対する日本政治の応答能力を向上させる狙いがあったが，既に解体が進んでいた省庁間の序列関係をさらに大きく変えることにもつながった。大蔵省が財務

省に変わるといった名称変更や，厚生省と労働省が統合されて厚生労働省になるという変化が注目されたが，より決定的な効果を持ったのが内閣府の創設である。

　内閣府は，総理府を前身組織と考えられないこともないが，その業務の大部分は旧総理府以外のところに由来しており，事実上は全く異なった行政組織を作って，そこに総理府の業務を組み込んだというべきであろう。法的にも，内閣府設置法は新規に立法化された。先に見たように，また前章でもふれたように，内閣府は内閣官房と並んで首相官邸の頭脳であり手足であるという役割を果たしており，官邸主導の最も重要な組織的資源を提供している。マクロ経済政策や予算編成の方向性策定から防災に至るまで，今日では内閣府の存在を抜きにした重要課題についての政策立案はほぼ不可能である。財務省から金融政策に関する立案と実施の機能を金融庁へと分離したこともあり，省庁間関係における主役は明らかに交代した感がある。

（3）官僚の採用・昇進と働き方

　中央省庁内部における官僚の働き方は，どのようなものだろうか。官僚すなわち行政職員の採用については，人事院が行う試験の合格者の中から，各省庁が面接して決定するという仕組みになっている。専門性の高い一部の職種を除くと，試験は3種類に分かれており，大学卒業・大学院修了者向けの総合職と一般職（大卒程度），高校卒業者向けの一般職（高卒程度）からなり，それぞれのカテゴリ内部で職種区分がある。現行方式になる前は，これら3つがそれぞれI種・II種・III種と呼ばれており，そのさらに前には上級甲種・上級乙種・中級・初級と区分されていた。大卒程度の一般職やかつてのII種については，本省採用かどうかによって，上級乙種と中級の区別が残っているとされることもあ

る。いずれにしても，総合職（I種・上級甲種）として合格して採用された場合にキャリア官僚，それ以外をノンキャリア官僚と呼ぶことが多い。総合職の法律区分や行政区分で採用された場合にのみ，キャリア官僚とされる場合もある。

　キャリアとノンキャリアの違いは，採用後の人事においても基本的にほぼ一貫して維持される。省庁の規模にもよるが，キャリアは技官を除くと各省庁とも毎年度10〜30人程度しか採用しておらず，入省時から将来の幹部候補生という位置づけである。早い段階から組織運営や業務遂行上の責任が重い仕事を担い，法案作成などにも関与する。国会での大臣などの答弁を準備することも重視され，連日帰宅は深夜に及ぶような長時間勤務も恒常化している。心身ともに非常に厳しい環境であると同時に，同期入省の他のキャリア官僚とは同僚だが組織内のライヴァルでもある。おおむね40歳代前半までは横並びで昇進し，そのペースや職位はノンキャリアを大きく上回るが，横並びの時期にも能力評価は蓄積されており，50歳代以降に局長や事務次官といった高位ポストに就けるかどうかに大きく影響する。同期の中から事務次官になれるのは1人だけで，それまでに他のキャリアはすべて退官するというのが従来の慣行だったが，公務員の退職年齢の延長や人事慣行の変化によって，今日では崩れつつある。

　かつてキャリア官僚は政策立案を担い，中立的な立場から国益を追求できる仕事として，東京大学をはじめとする有力大学の卒業生に人気があった。しかし，その働き方の過酷さが時代に見合わなくなってきたことに加えて，グローバル化や新自由主義に基づく「小さな政府」論の台頭は政府による国益追求という想定を成立困難にしたこと，政官関係の変化によって政治家に従属する立場だと見なされるようになってきたことなどが相まって，近年では人気が低下傾向にある。上に述べたような

早期退職の慣行も，退職後に関係団体や企業に転職，すなわちいわゆる天下りができることを前提にしており，それが困難になったことも，キャリア官僚の不人気に拍車をかけていると考えられる。

　ノンキャリアはどうであろうか。かつて公務員に抱かれていた，解雇の心配がないなど安定性が高く，あまり多忙でもないという印象は，ノンキャリアや地方公務員と重ね合わされることが多かった。しかし，それはもちろん実態には即していない。ノンキャリアは第一線官僚（ストリートレヴェル・ビューロクラット）として現場業務，窓口業務など対人ストレスの多い業務を担っている。また，省庁内部でもキャリアの業務の多くはノンキャリアの準備や支援によって成り立っており，業務量が少ないとは決していえない。キャリアとの待遇差を感じる場面も少なくない。今日，不祥事などによる懲戒処分は民間企業より厳しい場合も多く，安定性が高いとも言い切れなくなっている。

　地方公務員の場合には，とくに都道府県や政令指定都市だと，中央省庁のキャリアに当たる幹部候補を採用する試験区分が置かれることもある。そこで採用された職員の業務の過酷さは，やはりキャリアに近い。首長の影響力が大きい地方自治体では，根拠や効果が不明瞭なまま，首長が政治的アピールのために打ち出す政策を担当させられることもある。さらに，地方公務員は昇進にも試験を導入している場合があり，その準備などに追われることも珍しくない。

参考文献

オルソン，マンサー（依田博・森脇俊雅訳）『集合行為論』ミネルヴァ書房，1996年。

清水唯一朗『近代日本の官僚』中公新書，2013 年。

曽我謙悟『現代日本の官僚制』東京大学出版会，2016 年。

辻中豊『利益集団』東京大学出版会，1988 年。

丹羽功「利益団体論」坂本治也（編）『市民社会論』法律文化社，2017 年。

村松岐夫『政官スクラム型リーダーシップの崩壊』東洋経済新報社，2010 年。

14 | 現代日本の地方自治

待鳥聡史

《**学習のポイント**》　本章では，日本の中央政府と地方政府の関係（中央・地方関係）を考える上での基本的な視点，地方政府内部の政治過程と政策選択の特徴，および地方政府に対する非制度的な要因の影響について明らかにする。

《**キーワード**》　中央・地方関係，地方分権改革，二元代表制

1. 制度的枠組み

（1）憲法における地方自治

　日本国憲法は第92条から第95条を第8章とし，そこで「地方自治」について定める。そこでは，まず「地方公共団体」の存在を確定させた上で，その組織と運営については法律で定めること，ただし地方公共団体には議会と「長」を置かねばならず，いずれも住民が直接公選すること，さらに地方公共団体が財産管理，事務処理，行政執行，条例制定を行うことができることが，順次述べられている。これらの規定から，中央政府とは異なる地方公共団体が地方自治を担うという意味の「団体自治」と，地方公共団体の運営をはじめとした地域の事項に住民が関与するという意味の「住民自治」の2つが，地方自治の法的意味だとされる。

　なお，地方公共団体とは一般的な用語でいうところの地方自治体，政治学や行政学ではしばしば地方政府と呼ばれる存在であり，以下では地

方自治体あるいは地方政府という語を用いる。

　憲法が定めているのは，一方においては中央政府との関係で地方政府が存在することと，他方においては地方政府が民主的正統性を持たねばならないことである。それは，明治憲法体制の下での地方制度とは大きく異なる。明治政府は憲法公布前から地方制度の整備に意を用いた。廃藩置県という重大な中央集権化改革を行った後にも，江戸期の分権の記憶や遺制は依然として強く，中央政府の方針を全国津々浦々に行き渡らせ，富国強兵のための資源を調達することは，決して容易な作業ではなかったからである。

　したがって，明治政府の地方制度についての考え方は，公選の府県会や自主財源となる地方税をいち早く創設するなど，住民の意向を表出する余地を残しつつも，基本的には中央政府の出先機関，すなわち行政の手段として府県や市町村を位置づけるものであった。日本国憲法が定める「地方自治」は，このような位置づけを変化させ，政治的に民主的で自律性を持った存在としての地方政府を置くことに意識が向けられている。

（2）自律性と活動量

　しかし，地方自治をより機能的に捉えるとき，地方政府が政治的な自律性を持つかどうかを尺度とするだけでは不十分である。国（中央政府）と地方自治体（地方政府）の関係は「中央・地方関係」と呼ばれ，行政学における主要な研究分野の1つを構成している。中央・地方関係についての議論では，両者の行政的な結びつきや財政的な結びつきにも注目するのが一般的である。

　とくに，日本のように地方政府の政治的な自律性が確保され，自らの意思に基づいた政策決定が可能である場合には，行政面や財政面での自

律性の程度こそが中央・地方関係の焦点となる。自律的な政策決定が制度的に可能だとしても，それは予算や条例を定めることができるに止まる。実際に何らかの政策を展開していくためには財源が不可欠であり，実施に携わる職員も必要だからである。中央政府の意向に左右されない財源をどれだけ確保しているか，また中央政府からの介入を受けずに実施できる政策がどの程度まであるかによって，地方自治の内実は大きく異なる。

　行政面と財政面の自律性の程度に加え，地方政府が地域社会や住民に対して，どの程度まで密接に，かつどれだけの範囲で施策を展開しているかに注目する場合もある。これは地方政府の活動量と呼ばれる。活動量が少ない場合，地域社会や住民は公的部門の支援をあまり受けていないか，多くの事柄が中央政府などの上位政府（都道府県や州）のプログラムとして実施されているか，いずれかだと考えられる。たとえば，ある都市において市内を運行するバスがあったとしよう。このバス事業が民間企業により運営されている場合や，県によって運営されている場合には，地方政府である市の活動は及んでいないことになる。そうではなく，市営バスとして運営されている場合には，市の活動ということになる。そして，路線数や本数が多いほど，地域住民にとっては身近で利便性が高い。活動量が大きい地方政府とは，このように業務範囲が広く，かつ身近な存在になっている場合を指す。

　日本の地方政府は，憲法で政治的な自律性が保障されていることに加えて，活動量も大きいとされてきた。中央政府と地方政府をあわせた公共部門全体としての支出のうち，約7割が地方政府によってなされてきたからである。ここでいう地方政府には都道府県が含まれており，基礎自治体と呼ばれることもある市町村のみの支出ではないが，それにしても高い水準の数値である。連邦制を採用していない単一主権国家におい

て，地方政府がこのような割合で支出を行っている例はほぼない。支出の対象となる施策（政策プログラム）を決定するに際しても，中央政府の意向に唯々諾々と従っているわけではなく，近隣あるいは同規模の地方政府が採用する施策を参考にしながら判断していることが注目された。

（3）地方分権改革による変化

　しかし，行政面や財政面での自律性については，十分に確保されていないという見解が長らく有力であった。その根拠としては，地方政府が行っている支出は確かに多いが，その財源は中央政府からの補助金や地方交付税に依存していること，個々の施策に対する支出を行う場合にも自治省（現在の総務省）や補助金を主管する中央省庁からの指導や介入が頻繁かつ細部にわたって行われること，中央政府の代わりに担っている業務（機関委任事務）が無視できないほど多いことなどが挙げられた。中央政府に依存しない財源を自主財源というが，地方税収などからなる自主財源は3割程度しかないとされ，「3割自治」と揶揄されることもあった。自主財源に乏しいが活動量が多い地方政府は，中央政府からの補助金などを安定的に確保する必要や，政策実施に際しての指導や介入を事前に予測し対応する必要が大きい。そのために中央政府からの出向職員を受け入れる場合があり，このことも行政的な自律性が乏しい理由とされた。

　1990年代以降に進められてきた地方分権改革においては，以上に述べたような現状理解に基づいて，行政面や財政面での自律性を高めるように中央・地方関係を変革することが試みられた。93年に発足した細川政権は，従来から地方分権を主張してきた非自民各党を与党とする政権であったことに加えて，首相の細川護熙や官房長官の武村正義が知事

経験者であったことから，地方分権改革の機運が高まった。この流れは，自民党が社会党や新党さきがけとの連立により与党に復帰した後にも引き継がれ，武村が蔵相，元旭川市長の五十嵐広三が官房長官を務めた村山政権において，95年には地方分権推進法が制定された。この法律に基づいて設置された地方分権推進委員会が中心となり，機関委任事務の廃止など行政面での自律性拡大を目指した第一次分権改革が実現した。さらに，2001年に発足した小泉政権の時期には，中央政府の財政規模と業務範囲を縮小しようとする「小さな政府」志向の潮流とも相まって，補助金などの整理や地方政府への大規模な財源移譲を行う三位一体改革が進められた。その後も，中央政府から地方政府への権限移譲は途絶えることなく続けられている。

　これら一連の地方分権改革によって，日本の中央・地方関係は大きく変化した。今日なお，地方政府に対する中央政府の過剰な介入や関与を問題にする議論がないわけではない。だが，むしろ多く見られるようになったのは，たとえば「ふるさと納税」制度において一部の地方政府が総務省のガイドラインに従わずに寄付を集めようとする，あるいは2020年に始まった新型コロナウィルス感染症の流行に際して地方政府が中央政府により積極的な対応を求める，といった動きである。そこで生じているのは，自律性を強める地方政府に対して劣勢に立たされる中央政府という構図ではないだろうか。だとすれば，日本の地方自治の現状を理解するには，中央・地方関係に加えて，地方政府内部にどのようなダイナミクスが存在しており，それが外部環境といかなる関係にあるのかについて知る必要が強まっているのである。

2. 地方政府の政治過程

(1) 二元代表制

　地方政府内部におけるダイナミクス，すなわちいかなる過程を経て，誰が主に影響力を行使しながら政策が決まっていくかについては，かつてはほとんど注目されることはなかった。日本の地方自治をめぐる関心は圧倒的に中央・地方関係に向けられており，そこでは地方政府への行政面と財政面での分権化（自律性強化）が追求される一方で，分権化によって得られた権限をいかに行使するかは重視されていなかったからである。

　しかし先に述べたように，地方分権改革によって行政面と財政面での地方政府の自律性が強まった現在では，地方政府の内部過程とそこでの影響力関係は，政策選択に対して大きな意味を持つ。幸い，地方政治に関する研究は1980年代以降徐々に蓄積されるようになり，今日では相当程度までまとまった地方政治像を描きだせるようになっている。それを踏まえて，地方政府内部の政策過程について概観を行っておこう。

　中央政府であれ地方政府であれ，政策が決まる過程で注目すべきは，環境要因と制度要因，およびそれらの下での個々のアクターの行動である。環境要因とは，その政府にとってさしあたりは所与の条件として受け入れざるを得ないものであり，地方政府にとっては，中央政府の方針，他の地方政府の動向，社会経済状況が主に該当する。その一方で，地方政府は他のアクターにとって行動の環境を作り出す存在でもある。すなわち，住民や企業にとっては，地方政府が行う政策決定が所与の環境要因を作り出すことになるのである。また，地方政府は中央政府などへの働きかけを行うこともある。その意味で，地方政府は外部の環境との間に相互作用の関係を持っていると考えられるため，次節でまとめて

扱うことにしよう。

　制度要因とは，地方の政治制度を指す。日本の場合，地方政府が政治的自律性を持つことは憲法で保障されており，代議制民主主義が採用されている。これまでの章で見てきたように，代議制民主主義には具体的な制度について著しい多様性があるが，それを主に生み出しているのは選挙制度と執政制度という2つの基幹的政治制度である。

　日本の地方政府は，執政制度として大統領制を採用している。執政長官である首長（知事・市町村長）が，議会とは別個に有権者から直接公選され，議会による任期の打ち切りも原則的に生じない。地方自治法は，議会の特別多数による首長不信任とそれに対抗する議会解散を認めているが，実際に行われる例は多くない。行政学者の曽我謙悟の整理によれば，2003年から18年までの間に不信任決議が可決されたのは，都道府県では2件，市町村では29件に止まる（『日本の地方政府』中公新書）。首長ののべ在職者数から考えれば，ごく少数である。もちろん，不信任決議や解散という仕組みが存在するだけでも牽制効果はあるが，執政長官と議会の間の相互抑制関係はどの大統領制でも存在するのであり，大統領制としての基本的性格を大きく変えるとまではいえないであろう。

　大統領制の最大の特徴は執政長官と議会が別個に公選されることであり，そのことは執政長官と議会に異なった政策的な立場をとらせることにつながりやすい。以下ではそれぞれについて論じるが，執政長官という言葉は広く知られているとはいえないため，日本の地方政府に合わせて首長という言葉を使うことにしよう。なお，日本では地方の政治制度として「二元代表制」という用語が使われることが多いが，政治学的には大統領制と同じである。

（2）首長と議員の選出基盤

　まず，首長の政策的立場を考えてみたい。ここで最も重要なのは，選挙区がその地方自治体全域であることと，1人のみが選出される独任ポストであることだ。別の言い方をすれば，首長は地方自治体全域から1人だけ当選する小選挙区制の選挙を勝ち上がった存在である。このことは，首長がその地方自治体の全域的な利害を代表していること，かつ有権者の過半数の支持を得られるような政策を志向することを意味する。同じ市内の特定の地域だけの利害関心，あるいは有権者の一部だけが支持する政策を推進することは，自らを当選させた有権者の期待に反する行動であり，かつ次回以降の再選を危うくする行動なのである。そのため，首長はしばしば「県民党」や「市民党」といった立場をとり，特定の政党や地域からの支持に頼らないようにするとともに，地方自治体全体に関係するマクロな政策の方向性を打ち出すことに関心を寄せる。

　議会はどうであろうか。日本の地方議会は，都道府県議会の場合には市・郡・政令指定都市の区ごとに選挙区が設けられており，定数が選挙区人口により異なるため，全体として見れば大選挙区・中選挙区・小選挙区の混合制となっている。政令指定都市ではない県庁所在地は定数10以上のことすらある一方で，多くの郡は定数1の小選挙区である。しかし，議員総数に占める割合でいえば，定数2から6の中選挙区から選出される議員が最も多い。市区町村議会は，政令指定都市が都道府県議会と同じ仕組み（区ごとに選挙区を構成する）になっている以外は，ほとんどが全域を単一選挙区とする大選挙区制を採用している。東京都の特別区も同様である。町村を除く市区議会に限ると，定数は20人台の議会が多い。つまり，都道府県議会は中選挙区制により，市町村議会は大選挙区制により選出された議員が最も多数を占めている。

　このような選挙制度によって当選した議員たちは，しばしば狭小だが

強固な支持基盤を持っている。大選挙区制や中選挙区制は，比例性が高く当選に必要な得票率が低くて済み，かつ有権者が政党ではなく候補者を基準にした投票を行うことを許容するからである。たとえば，定数が25人の市議会であれば4%弱の得票率を確保すれば当選できる。今日，地方議会選挙の投票率はおしなべて低く，しばしば50%を下回るため，棄権者を含む有権者全体に占める得票率（絶対得票率）でいえば2%に達しない水準になる。有権者が人口の9割のとき，人口10万人の市ならば1800票ほどが当選ラインだと計算できる。上位当選者への票の集中を考慮すれば，実際に必要な票数はもっと少なくなる。これならば，特定の地域や業界の支援を受け，ほぼそこからの得票のみによって当選することも十分に可能である。逆に，そのような集票ができないと当選は難しい場合が多い。市区町村議会の議員の多くが保守系無所属であり，政党化が進まないのは，このような事情による。

（3）選出基盤が導く政策過程

　狭く，強固な支持基盤を持ち，そこから離反するのが難しい地方議員たちは，地方自治体全域に関係するマクロな政策の方向性ではなく，自らの支持基盤と密接に関係したミクロな関心を持つことが多い。具体的には，たとえば市内で防災のための河川改修を行うときに，支持者の多い地域の河川が早い時期に対象となり，かつできるだけ潤沢な費用をかけて工事が進められることを望み，それが実現するように市長や市職員に働きかけるといった行動につながる。それは支持者の「御用聞き」であり，公共事業の「箇所づけ」への関与などの「口利き」と呼ばれる行動である。地方における政治腐敗の温床とされる議員の行動だが，選挙制度との関係では極めて合理性が高い。

　首長と議会の権限関係（執政制度）も，このような議員の行動の合理

性を強めている面がある。日本の地方政府の場合，予算は首長のみが提出することができる。予算編成や条例制定といった政策立案に必要なスタッフについても，首長が行政職員を活用できるのに対して，議会事務局には十分な人的資源もない。議員が個人や会派としてスタッフを雇用する財源もないため，ほとんどの地方議員には秘書も政策スタッフもいない。議員が個人としてデータ分析や条例起案のスキルなどを身につけていない限り，首長に対抗する政策立案を進めることは不可能に近い。むしろ，行政部門内部での政策プログラムの検討が進められる過程や実施の段階で「口利き」を行い，ミクロな利害関心が反映されるようにするのが，最も得策なのである。

　このような制度要因の作用によって，日本の地方政府においては，首長と行政職員が一体となってマクロな方向性を打ち出し，議員がそれに介入する形でミクロな利害を反映させるという分業あるいは棲み分けが成り立つことになる。また，分業関係にある以上は不信任や解散によって相互に牽制し合う理由も乏しい。結果的に，かつての革新自治体のように議会の大多数を占める保守系議員と大きく異なった政策の方向性を打ち出す場合や，近年の一部の改革派首長のように政策プログラムの細部にまで踏み込んで財政再建を図るといった場合を除いて，首長と議会の対立は起こりにくい。地方分権改革によって財政的な自律性が高められる以前には，自治省（現在の総務省）をはじめとする中央省庁の意向に従っていれば財源の確保も相対的に容易だったこともあり，地方の政治過程は無風となる傾向が強かった。近年，様相は少しずつ変化しつつあるとはいえ，基幹的政治制度に起因する分業は依然として強固であり，政策をめぐるオープンな議論は起こりにくいのが実情である。

3. 非制度的要因の作用

（1）非制度的要因の重要性

　政治制度のあり方によって，日本の地方政治においては首長と議会の間に棲み分けが生じやすく，かつ権限面で優位に立ち行政職員も活用できる首長が政策過程での主導権を確保しやすい。そしてこのことは，首長が重視する地方自治体全域の課題やマクロな政策の方向性に高い優先順位を与えることにつながり，財政破綻などの致命的な打撃や必要な政策決定の遅延を回避する効果をもたらしてきたと考えられる。戦後日本の地方政治は，自治体の活動量に見合うほどには活発でないにしても，帰結である政策面では多くの住民にとってそれなりに評価できる成果を出してきたといえよう。

　しかし，地方自治の規定要因は制度だけではなく，また政治的自律性の存在が政策決定の自律性と同じわけでもない。憲法が保障するのは政治的自律性だけで，それだけでは十分ではないというのが，戦後の地方分権論の中心的な主張であった。では，具体的にどのような要因が地方政府に影響を及ぼしているのだろうか。以下では，制度以外の要因が地方政府の政治と政策選択に与える影響について考えておくことにしたい。

（2）中央政府との非制度的関係

　まず，無視できない要因として存在するのは，中央政府との関係である。既に述べたように，日本の地方政府は行政面と財政面での自律性を長らく十分に確保しておらず，中央政府に服従する存在だとされてきた。その見解には異論もあったものの，1990年代以降の地方分権改革によって行財政的な自律性向上が図られたのは，このような認識が背景

にあったことは間違いない。それでもなお，連邦制ではなく単一主権国家である日本では，中央政府と地方政府の間には広範な相互作用が見られる。

　今日，両者の具体的な接点としては以下のようなものがある。行政面では，地方政府による条例制定が国の法律に抵触しない範囲に限定されているという法的な側面，政策立案に中心的な役割を果たす幹部職員への中央政府からの出向といった人的な側面などが挙げられる。財政面では，分権改革の結果として地方債の起債許可は財政悪化が深刻な地方政府に限られることになり，補助金の整理も進められた。だが，地方交付税として地方政府に配分される金額を算定する基礎となる地方財政計画は総務省が策定しており，地方政府に何がどれだけ必要かの判断に中央政府の関与は残っている。地方政府も，事あるごとに中央政府に相談する傾向は残っており，その象徴ともいうべき都道府県や県庁所在都市の「東京事務所」も依然として置かれている。これらは中央政府への服従が依然続くことを意味するようにも見える。

　しかし，中央政府からの出向者の受け入れ，東京事務所を通じた情報収集や意見交換などは，地方政府から中央政府への働きかけとしての側面を持っており，中央から地方への一方的な影響力行使と見なすのは単純すぎる。政治史家の天川晃がかつて「分権・融合型」と名付けたように，戦後日本の中央・地方関係は両者の協働や密接な連携によって政策を展開してきた（「変革の構想」佐藤誠三郎・大森彌（編）『日本の地方政府』東京大学出版会）。天川のいう「融合型」とは，中央と地方の間に相互作用があることを示唆している。また，同じ単一主権国家であるイギリスやフランスと比べた場合に，日本の地方政府の活動量はそもそも大きく，地方分権改革の結果として自律性もさらに高まったため，国際比較でいえば類例がないほど地方政府の存在感が大きいことも事実で

ある。むしろ，融合的な中央・地方関係の下で行財政的な自律性が高まったことが，新たな課題を作り出しているともいえる。すなわち，沖縄の基地問題や一部地方政府の「ふるさと納税」問題のように，中央政府とは明らかに異なる政策的方向性を地方政府が志向するとき，両者の間に深刻な摩擦が生じることになる。

　2020年から世界的大流行となった新型コロナウィルス感染症への対応に際しては，中央政府と地方政府の関係について広く注目が集まった。感染症対策は国・都道府県・市町村の間での複雑な分業と協働により進められるようになっていたが，新型感染症の流行に対してしばしば協働が円滑さを欠いたためである。その過程で顕在化したのは，分権改革を経て地方政府が自律性を強めていることだけではなく，政策の実施に必要な情報共有などにも脆弱さがあることであった。ワクチン接種などに必要な情報を，他の情報との統合がなされないままに，しかも各市町村が異なったシステムで保存しているといった事態が多く見られたのである。その背景には個人情報保護や政治権力の濫用への警戒があったことは間違いないが，迅速な政策実施が妨げられることは公衆衛生などにとって深刻な課題ともなる。情報管理をめぐる中央・地方関係は，今後注目すべき側面となるかもしれない。

　中央政府と地方政府の関係を考える際に，無視できないもう1つの側面として長らく注目されてきたのが，国会議員と地方議員の間の系列関係などの政治的なつながりである。かつて，国政において自民党が長期単独政権を維持していた55年体制の時代には，自民党国会議員は都道府県議会や市区町村議会に自らの系列議員を確保し，自民党内の他の候補との競争に備えてきた。地方議員にとっては，そのような系列に加わることで，補助金などの確保とその「箇所づけ」を通じて，自らの支持基盤の涵養につながる利益配分が容易になるというメリットがあった。

244

しかし，現在ではこのような系列関係は弱まっている。理由はいくつかあるが，1つには衆議院の選挙制度改革によって自民党の同一選挙区内での競争がなくなったこと，もう1つには政権交代や財政悪化によって利益配分の原資がなくなったこと，さらには市町村合併の結果として地方議員が大きく減少したことなどが指摘できる。議員系列や政党を介した中央と地方のつながりは，完全に失われてはいないものの，以前ほどの意味はないというべきであろう。近年，大阪など各地に見られる地域政党の興隆は，中央・地方間の政治的なつながりの弱まりと切り離して考えることはできない。

（3）社会経済環境の影響

　地方の政治過程や政策選択に影響を与える別の要因としては，社会経済環境が挙げられる。中央政府とは異なり，地方政府は独自のマクロ経済政策を展開する余地が極めて乏しく，社会経済環境に影響を与えることがほとんどできないため，その変化に脆弱である。近年はグローバル化により中央政府にとっても社会経済環境との関係は困難を増しているが，伝統的には景気循環などは一国を単位として生じるものであり，それに応答するマクロ経済政策も中央政府が担ってきた。財源の大きさからいっても，地方政府が単独で減税などの政策を打つことは難しい。逆に増税や負担増を行うと，近隣の地方自治体に住民や企業が流出することにつながる。国境のような管理がなされているわけではなく，言語や生活習慣などの制約もない同一国内では，好ましくない政策が進められている地方自治体からの流出（好ましい政策が行われている地方自治体への流入）が，国家間に比べて極めて容易に生じるのである。

　このことにより，地方政府は担税能力の高い企業や住民の流出を恐れて，彼らに有利な政策を展開しがちになる。これはアメリカの経済学者

チャールズ・ティボーが「足による投票」として理論化したもので，のちに政治学者ポール・ピーターソンによって「都市の限界」として定式化された（Charles M. Tiebout, "A Pure Theory of Local Expenditures," *Journal of Political Economy* 64：416-424, 1956；Paul E. Peterson, *City Limits*, University of Chicago Press, 1981）。地方政府は税収増につながりやすい開発政策を好み，つながらない再分配政策を忌避するというのである。逆に，福祉プログラムなどの再分配政策が他の地方自治体よりも相対的に手厚くなると，給付を求めて非富裕層が流入するという「福祉の磁石」現象が生じる。そういった事態を恐れる地方政府は，競い合うように福祉削減などを進めることになるが，これは「底辺への競争」と呼ばれる。もちろん，連邦制の下で地方自治体の差異が大きいアメリカとは異なり，日本は地方政府の裁量によって政策の方向性を決められる範囲が小さいため，ここに挙げた「足による投票」や「底辺への競争」が顕著に生じているわけではない。しかし，社会経済環境の変化に対する脆弱性は地方政府が常に持つものであり，日本でも「底辺への競争」が見出されるという議論もある。

（4）住民との関係

　住民との関係も，地方政府とその政策選択にとっては重要な外部要因である。本来，住民は選挙で首長や議員を公選する有権者なのだから，外部要因という位置づけは適切ではない。実際にも，住民が地域の「主権者」とか「主役」といった表現は，地方政府をめぐる言説において珍しくない。しかし，地方選挙の投票率は概して国政を下回っており，地域の政策課題への関心も強くない住民が多いことも確かである。大都市圏を中心に，通勤や通学は他の自治体に行っている住民，長く住み続けるわけではない住民が珍しくないためである。その一方で，身近な生活

環境や学校教育の問題をきっかけに地域の政策課題に深く関与する住民や，代々その地域に暮らして強い利害関心を持つ住民もいる。住民が持つ多様性は，地方政府にとって無視できないものなのである。

　多くの地方政府においては，このように多様な住民の関心や意見を，選挙以外の方法によって政策過程に反映させようとしている。1970 年代に多く登場した革新自治体を皮切りに，首長と住民の直接対話集会や，審議会や検討会などへの住民代表の参加，各種のパブリックコメント制度などを導入するのは，ごく一般的な地方政府の姿となっている。政策立案に市民団体や NPO が関与することもある。地方政府も代議制民主主義によってその正統性を確保している以上，第一義的には，住民の多様性は地方議会選挙を通じて表出されることが想定されている。だが，住民は利害関心の方向性において多様であるだけではなく，その程度にも大きな差がある。そのため，比例性の高い選挙制度であるにもかかわらず，地方議会は一部の住民の意見や関心が反映されやすいという弱点を抱える。選挙以外の参加を通じてその弱点を補うことが目指されるわけだが，利害関心の強さの差異が政治参加の熱心さに結びつくという点では選挙と同じであること，説明責任を確保する方策が限定されることなど，なお課題も多い。

参考文献

稲継裕昭『人事・給与と地方自治』東洋経済新報社，2000 年。
北村亘『地方財政の行政学的分析』有斐閣，2009 年。
砂原庸介『地方政府の民主主義』有斐閣，2011 年。
善教将大『維新支持の分析』有斐閣，2018 年。
曽我謙悟『日本の地方政府』中公新書，2019 年。

辻　陽『日本の地方議会』中公新書，2019 年。

15 | 現代日本の政策選択

待鳥聡史

《学習のポイント》 本章では，政治過程の帰結としての政策選択に注目し，それを規定するのはどのような要因なのかを明らかにした上で，第二次世界大戦後から現代に至るまでの日本の政策選択の特徴と，それに対する近年の政治改革の影響について述べる。

《キーワード》 制度要因，環境要因，吉田路線からの変化

1. 政策選択の規定要因

(1)「決断」の意味

　本書ではここまで，もっぱら政治における意思決定の仕組みと，それがどのような決定を導きやすいかを中心に論じてきた。意思決定の仕組み（制度）とその効果に注目するのは，第1章でも少しふれたように，政治制度論あるいは単に制度論と呼ばれる政治学のアプローチの特徴である。言い換えれば，本書は理念や歴史をはじめとした意思決定に影響を与える他の要因にも言及しつつ，基本的には制度論に基づく政治学入門として構成されてきた。

　政策についての選択（政策選択）も政治における意思決定の1つであり，その大きな部分を占めるとさえいえるものだから，当然ながら制度論による説明は可能である。前章までの叙述に際しても，たとえば中選挙区制の下での長期単独政権を維持した自民党では，同一選挙区から複数の当選者を出す必要があり，それゆえに個々の議員は支持基盤となっ

ている地域や業界への利益誘導につながる政策を推進しがちであった，などの説明を行ってきた。このような説明は，今日とくに内政面については珍しいものではなく，広く受け入れられているといってよいだろう。

　しかしそのことは，政策選択が制度にのみ規定されていることと同じではない。たとえば，利益誘導的な政策が推進されるという場合にも，それが具体的に何を指しているのかは，制度以外の要因である地域や業界の事情により異なっているはずである。また，利益誘導とは無関係な政策領域や課題は決して珍しくない。外交・安全保障はその代表であり，政治家にとって「票にならない」分野であるとしばしば指摘されるが，だからといって外交・安全保障についての政策選択を行わないわけはないのである。そのとき，政策選択を規定する要因は制度以外のところに求める必要があるだろう。

　制度以外の要因にも注目しようとするときに，しばしば政治家の「決断」といった個人（的）要因に依拠した説明がなされる。個人要因は，実際にも大きな意味を持つことがある。アメリカの政治学者であるグレアム・アリソンの『決定の本質』という著作では，1962年に起こったキューバ危機を取り上げて，ソヴィエト連邦が社会主義革命直後のキューバにミサイル基地を建設しようとしたこと，それにアメリカが対抗する手段を検討し，最終的に海上封鎖を選択した過程を，異なる要因に注目した3種類の説明が与えられている。そのうちの1つは，ソヴィエトのニキータ・フルシチョフ，アメリカのジョン・F・ケネディという両国の政治指導者と，その側近たちによる決断に注目したものである（『決定の本質』宮里政玄訳，中央公論社）。

（2）環境要因の影響

　だが，今日の政治学においては，個人要因からの説明は他の要因によってはどうしても説明がつかない場合や，分析対象となる出来事にとくに大きな意味がある場合に限って用いられるのが一般的である。

　理由は大きく分けて2つある。1つには，何らかの決断を行っている政治家がいるとしても，その決断の前提（たとえば選択肢の絞り込み）には他の要因が作用しており，前提部分を説明できることが重要である場合が多いことである。たとえば，制度的要因によって利益誘導をすることが明らかに有利だと説明できるのなら，その具体的手段として何を選ぶかはあまり重要でない。もう1つの理由は，政治学が説明の一般化可能性を追求するからである。一般化可能性とは，個別具体的な現象についての説明よりも，できるだけ多くの現象を同じ要因から説明できることを指す。政治家など個々のアクターの決断という要因に注目することは，一般化可能性がほとんどない，1回限りの説明につながりやすい。このような説明は，日常的な政策選択を扱う場合には意義に乏しいのである。

　個人要因以外に，一般化できるものとして政策選択に影響を与えていると考えられているのは，環境要因と制度要因の2つである。とりわけ，政策の全般的な方向性や特徴を説明する上では，これら2つの要因が持つ影響は大きい。既に本書で何回も言及してきた要因ではあるが，改めて整理しておくことにしよう。

　環境要因とは，アクターが政策選択を行う際には所与（与件）として考えるしかない，アクターの短期的な努力によっては変えようのない要因を指す。具体的には，国際環境と社会経済環境であり，前者が世界的な政治経済秩序や価値観のあり方を，後者が国内的な経済構造や社会構造を指す。

　これらの要因は，アクターの働きかけや個別の政策選択によっては変化しないか，変化するとしても極めて緩慢にしか生じないため，通常はアクターの選択肢を限定する方向に作用する。激しい人種や宗教対立が存在する社会構造を持つ国において，特定の人種のみが用いる言語を公用語化する，あるいは公務員の任用においてその言語のみを優遇するといった政策を採用することは，対立を深める効果しか持たないため，事実上不可能であるというのは，その一例である。

　環境要因は変化しづらいとはいえ，全く変化しないわけではなく，変化するときには大きな意味を持つことが少なくない。そのような変化が生じる場合，アクターである政治家や官僚がそれを的確に認識しているとは限らず，とくに国際政治経済秩序のあり方などは後に不適切な認識だったとされることも少なくない。そのような場合には，環境要因に整合しない政策選択がなされることになるが，多くは所期の成果を得られないまま終わる。

（3）制度要因の影響

　制度要因に注目した説明とは，すなわち制度論であり，それについては既に本書の多くの箇所において述べてきた。環境要因が，政策選択のマクロな方向性についてアクターを制約するのに対して，制度要因はより具体的な，あるいはミクロな政策のあり方を規定する面が大きい。とくに意味を持つのは2つの基幹的政治制度，すなわち選挙制度と執政制度である。選挙制度の比例性が高いほど，支持者は社会の一部であるという傾向を強めるため，政策は部分あるいは個別を重視したものとなる。特定の業界のみを優遇する税制上の措置などは，その典型である。また，執政制度の集権性が低いほど，政策過程において拒否権を持つアクターが増えることにつながり，多数派形成に要する時間や労力が大き

くなるので，反対の出にくい総花的な政策が追求される傾向が強まる。

　これらの基幹的政治制度に加えて，もう１つの重要な制度要因として政策選択に作用するのが，中央と地方など複数の制度間の連動性の程度である。政治学では近年，マルチレヴェルミックスという言葉でまとめられることが多く，二院制議会における両院間関係なども含むことがある。たとえば，中央政府と地方政府が完全な分業関係にある場合と，緊密な協働を行う関係にある場合を比べて考えてみよう。協働関係が存在するときには，中央政府の政策選択に際して地方政府が，あるいは地方政府の政策選択に際して中央政府が，それぞれ関与しようとする可能性が高い。そのような場合，中央政府は地方政府の，地方政府は中央政府の同意を得なければならないため，執政制度の集権性が低い場合と似た帰結が生じることになる。

　環境要因にせよ，制度要因にせよ，多くの場合にはアクターにとっての与件として政策選択の範囲を制約する。そのことを裏返せば，これらの要因に変化があった場合には，選択可能な政策の範囲が大きく変動することにつながる。1980年代末に起こった冷戦の終結は，そのような効果をもたらした国際環境要因の大変動の典型例であり，日本を含めた各国の政策選択に重大な影響を与えた。2020年以降の新型コロナウィルス感染症の世界的大流行は，それまでほぼすべての先進諸国において政策選択の制約要因として作用してきた財政悪化への懸念の影響を緩和させ，大規模な財政出動へと方針転換させることにつながった。

　また，制度要因のように短期的には与件であっても，変革が全く不可能というわけではない場合，それを変化させることで政策選択の範囲を変える試みがなされることもある。そのような関心から選挙制度や執政制度，あるいは中央・地方関係に関する制度の変革が試みられた例としては，1990年代の日本で進められた一連の政治改革が挙げられる。た

だし，制度変革が常に政策選択の範囲を変えるために進められるという
わけではない。むしろ，多くの制度変革は意図せざる結果として政策選
択の範囲を変動させるというべきだろう。

2．55年体制下の政策選択

（1）占領期の政策選択

　先に述べてきた要因，とくに環境要因と制度要因に注目すると，戦後
日本における政策選択はどのように説明することができるだろうか。

　第二次世界大戦後における日本の政策選択は，大きく3つの時期に区
分することができる。最初が戦後復興期であり，1952年に終わる占領
期にほぼ重なる。次の時期が，占領が終結する前後から89年の冷戦終
結までの時期であり，おおむね55年体制期と見なしてよいであろう。
そして第3の時期が90年代以降であり，現在の日本社会を生きる私た
ちが目にする政策のあり方は，ここでの選択の帰結だということができ
る。以下ではそれぞれについて述べていくことになるが，説明の中心は
第2の時期以降に置かれる。

　戦後復興期は，敗戦による壊滅的な人的・物的ダメージからの回復と
国際社会への復帰を目指した時期として特徴づけられるが，政策選択の
自律性は低く，連合国軍総司令部（GHQ/SCAP）を中心とした占領勢
力さらに戦勝国の意向によって，政策の基本的な方向性は定められてい
たといえよう。それは，いわば究極的な意味で国際環境が政策を規定す
る状況ともいえるわけだが，当時の統治エリートたちの努力にもかかわ
らず，日本政治に残された「選択」は，多くの場合に微調整の域を出る
ものではなかった。また，この時期により大きな意味を持ったのは，政
策選択を規定する制度要因の形成，すなわち基幹的政治制度あるいは憲
法体制の構築であった。もちろん，基幹的政治制度の選択には大きな意

味があるが，それは政策選択とは異なった性格の作業である。

　占領末期になると，独立回復後の日本の政策がいかなる方向性を持つべきかについて，日本側のアクターも交えた検討が始まった。これは，当初はもっぱら講和条約をどのように結ぶかという問題として登場した。だが実際の焦点は，冷戦という国際環境の下で日本がいかなる政策選択を行うかという方向性の選択であった。占領勢力の中心にいたアメリカは，当時のハリー・トルーマン政権が吉田茂をはじめとする日本の政治家たちと議論を重ね，ソヴィエトなどの共産主義陣営が参加しなくともサンフランシスコ平和条約を結び，同時に日米安全保障条約を締結することで，日本がアメリカ中心の自由主義陣営の一員として国際政治経済秩序に復帰するよう導いた。

　その交渉過程で吉田は，本来であれば自由主義圏に加わる上で必要であった軍事面での負担を最低限に止め，経済復興によって東アジアの国際関係を安定させる役割を果たすことを認めさせた。ここに，日米安保条約の存在を大前提として，軽武装と経済重視という2つの柱が形成され，戦後日本の政策選択の基本的方向性が定まった。それは後年，国際政治学者の高坂正堯や永井陽之助らによって「吉田路線」あるいは「吉田ドクトリン」として定式化された（高坂『宰相吉田茂』中公クラシックス，永井『新編　現代と戦略』中公文庫）。吉田路線は，国際環境への応答という性格を持つのみならず，占領初期に制定された日本国憲法との関係からも，当時としては最も合理的なものであった。

（2）外交の季節の終わり

　第2の時期である55年体制下の政策選択は，吉田が定めた基本的方向性を発展あるいは調整しながら進められた。アメリカなど自由主義圏の主要国との講和や同盟関係を優先させたことは，占領の早期終結や日

本の社会経済的復興のためには必要な選択だったが，未解決の課題も
あったことは間違いなかったからである。

　吉田を引き継いで政権を担った鳩山一郎や岸信介は，主に国際環境と
の関係での調整を試みた。すなわち，鳩山政権の下で1956年にはソ
ヴィエトとの国交が回復し，それによって主要国からの反対がなくなっ
たために国連への加盟が実現した。岸は賠償など東南アジア諸国との戦
後処理に着手するとともに，戦勝国と敗戦国の間の条約として片務的な
要素が色濃かった日米安保条約の改定にも取り組んだ。吉田が結んだ安
保条約は，日本がアメリカに対して基地提供の義務を負っているにもか
かわらず，アメリカの日本防衛義務が明記されない，日本の治安問題に
ついてアメリカの介入余地が残されているなど，対等性という点では不
十分だったのである。1960年に実現した日米安保条約の改定は，アメ
リカの戦争に日本を巻き込むための企てとして，当時多くの国民からの
批判を浴びた。だが，実相としては吉田路線の重要な調整作業であり，
その後の日米同盟関係の基礎となった。

　岸はまた，社会経済環境との関係でも新しい試みを行った。国民皆保
険制度や国民年金制度の導入である。医療保険や年金は社会保障制度の
根幹をなすが，戦災復興に比べれば優先順位は低くせざるを得なかっ
た。吉田が経済優先の政策路線を志向した時点では，国民に必要最低限
の衣食住を安定的に供給することが当面の課題であった。しかし，朝鮮
戦争（1950年〜53年）に伴う特需などが足がかりとなり，50年代後半
には高度経済成長が始まった。このような新しい状況に適応した政策と
して，より長期的な経済政策や社会保障制度の構築が始められることに
なった。地域間格差や階層間格差などはなお大きく，高校進学率もなお
ようやく50％を超えた程度に過ぎなかったことを考えれば，当時の日
本はあまねく豊かな社会になったとは到底いえなかった。だが，経済の

復興と成長を最優先課題とし、その成果を社会全体に行き渡らせようとする政策の原型が、この時期に確立されたのである。

（3）高度経済成長

　それがいっそう明確になったのが、安保条約改定後に登場し、1964年の東京オリンピック閉幕まで続いた、池田勇人政権の時期であった。池田は、安保改定をめぐる対立が残る中で首相に就いたが、所得倍増論や全国総合開発計画（全総）をはじめとする経済重視の政策を前面に打ち出すことで世論を変えた。

　国際環境よりも社会経済環境に積極的に応答しようとする池田政権の姿勢は、一方において吉田路線の発展型としての性格を帯びていたが、他方では岸政権までの時期に必要な修正作業がほぼ終わっていたことの結果でもあった。いずれにしても、国際政治経済秩序の中における日本の基本的な立場は定まり、自由主義圏からの離脱や日米安保条約の破棄といった体制選択レヴェルでの争点は意味を失った。代わって、高度経済成長の成果をいかに配分するかが最大の関心事となり、池田はまず大規模インフラ整備などマクロ経済面での取り組みを進めた。

　続く佐藤栄作政権の時期にもマクロ中心の経済重視路線が続くが、この時期には次第に与党である自民党内でミクロへの関心が強まり始める。ミクロとはすなわち個別的な利益誘導を指す。利益誘導への関心は近代日本政治史に一貫して見られるもので、たとえば戦前期の政友会による「我田引鉄」（選挙区に鉄道路線を誘致する）は有名であった。しかし、戦後はまず国際環境への応答の時期があり、続いて社会経済環境への応答が中心になる時期に至っても、財源などが十分に確保されていなかったために、広範囲に利益が及ぶ政策が優先されていたのであった。

　1960 年代後半になると，経済成長の結果としてこのような制約が緩和され，伝統的な利益誘導政治に回帰したのだと見ることもできる。新幹線にせよ高速道路にせよ，まずは東京や大阪などの大都市圏に最初に作られるべきことは誰の目にも明らかで，選択の余地があるとすれば，その次をどうするかであった。ここに，マクロな経済合理性とは異なる理由での政策選択がなされる余地が生まれる。

（4）制度に導かれた利益誘導

　その際に大きな影響を及ぼしたのが，制度要因であった。本書の各章で既に言及したように，戦後日本の政治制度は，選挙制度における中選挙区制，執政制度における首相の権限を限定した議院内閣制，そして中央・地方関係における密接な協働などによって特徴づけられる。これらはいずれも，与党の若手・中堅クラスの議員たちが選挙区や支持基盤への利益誘導を図る強い誘因を与えていた。すなわち，自民党議員相互の競争，省庁との協調を伴ったボトムアップでの政策立案，国政政治家と地方政治家の系列関係の形成などが制度の影響によって生じやすく，そこで活用されるのがミクロな利益配分だったのである。それは利益配分と政治的支持の交換関係（クライエンタリズム，恩顧主義）の成立を意味していたが，経済成長の果実の分配を受けるには政府の力を必要とした非大都市圏にとっては，切実な社会経済的ニーズに合致した政策の方向性でもあった。

　55 年体制下における政策選択のあり方は，佐藤政権期までにほぼ完成されたといってよい。しかし，政権末期の 1971 年には米中国交回復と金ドル交換停止という 2 つの「ニクソン・ショック」に見舞われるなど，日本政治を取り巻く国際環境は変化を始めていた。皮肉といえば皮肉なことに，アメリカが中心となり構築した国際政治経済秩序の下で西

ヨーロッパ諸国や日本の戦後復興と経済成長は可能になったが，それが
アメリカの国際的地位の揺らぎの一因となり，秩序の再構築が進められ
ることになったのである。73年と79年の石油危機などもあり，日本も
高度経済成長期と同じ政策を継続するのは困難になっていった。

　新しい国際環境への応答は，少なくとも当初は一定の成果を収めた。
日本は1975年に始まる主要国首脳会議（現在のG7サミット）には初
回から参加し，自由主義圏の一員として，またアジアで唯一の先進国と
して，国際政治経済秩序の形成や維持に対して役割を果たすようになっ
た。82年に始まる中曽根康弘政権は佐藤以来の長期政権となり，アメ
リカのレーガン政権と安全保障面での協力を強めるなど，同盟関係を深
化させた。85年には為替レートを調整して貿易赤字（輸入超過）の削
減を図りたいというアメリカの提案を受け入れて「プラザ合意」を成立
させた。プラザ合意後の急激な円高と，それによる輸出の停滞が，国内
におけるバブル景気の一因となったことは事実である。また，為替レー
トの調整を行っても，当時深刻化していた日米経済摩擦が解消されたと
まではいえなかった。だが，国際環境に応答した政策選択がなされたこ
とは確かであった。

　より難しかったのは，社会経済環境の変化への応答であった。高度経
済成長，さらに石油危機への対応が相対的にうまくいったこともあり，
1980年代の日本は社会経済的に成功しているという雰囲気が強まって
いた。実際には，少子高齢化や財政悪化は既に始まっており，いわゆる
「追いつき型近代化」が終わった後の国家目標の形成，さらには脱工業
化時代に見合う産業構造や人材育成（教育）のあり方など，余裕がある
うちに取り組むべき重要課題は多数存在した。78年から首相を務めた
大平正芳や中曽根康弘は，これらの課題に対応する必要も認識してい
た。世界的にも，アメリカやヨーロッパに新自由主義に基づく「小さな

政府」への転換の動きが生じ始めていた。だが，利益誘導政治に依拠した長期単独政権に慣れきった与党政治家や官僚からは，現状を大きく変革する動きは支持されなかった。有権者の多数もまた，強い現状維持志向を持っていた。結局，80年代に実現した内政面の主な政策転換は，国鉄など政府現業部門の一部民営化と消費税導入などに限られた。

3. 1990年代以降の変化

（1）冷戦の終結

1980年代末には，環境要因に大きな変化が生じた。国際環境における冷戦の終結であり，社会経済環境におけるバブル景気とその崩壊である。これらはいずれも，日本の政策選択にとっての前提条件を根本から変えるものであった。

まず，冷戦の終結の影響から考えよう。冷戦とは，世界が自由主義（資本主義）陣営と共産主義（社会主義）陣営に分かれ，それぞれがアメリカとソヴィエトを頂点として，戦争にまでは至らないものの相互に激しく対立するという構造を指す。第二次世界大戦が終わった直後には顕在化し始め，1940年代末にはほぼ確立されて，国際政治経済秩序の根幹となった。当初，第二次大戦の敗戦国や戦後の新興独立国では，いずれの陣営に加わるかという体制選択をめぐって国内政治の対立や政党間競争が展開された。だが，おおむね1950年代までには体制選択の時期は終わり，その後は所属した陣営にとどまることを大前提としながら，それぞれの社会経済環境に応答した政策選択がなされてきたのである。

日本の場合，冷戦下でアメリカと同盟関係を形成し，自由主義陣営の一員になることで，軽武装と経済重視の政策路線をとることができた。1970年代以降には調整が必要になっていたものの，基本的な方向性は

保たれていた。国内政治においても，社会党が護憲や日米安保条約反対といった体制選択的な争点を重視し続けたため，自由主義陣営を代表する唯一の大政党として，自民党が長期単独政権を維持できることにもつながっていた。冷戦の終結は，このような戦後日本政治とそこでの政策選択の基礎条件が掘り崩されることを意味していた。さらに，90年代に入ると旧共産主義諸国の体制変革や，これらの国々と自由主義諸国との経済的な結びつきの強まりも生じた。グローバル化の時代の到来であった。

（2）バブル景気と崩壊後の長期不況

　バブルについてはどうだろうか。バブル景気とは，経済活動の実勢から離れた投機的な資金の動きにより生じる，株や不動産などの資産価格の上昇を指す。日本の場合，1985年のプラザ合意後，円高の急速な進展によって生じた不況と，それまでにも存在した過度な輸出依存への国際的批判に応えるため，前例のない金融緩和を行ったことがきっかけとなった。大規模に発生した余剰資金は，同時並行的に進められていた規制緩和などにより開発の魅力が増した都市部の不動産市場や証券市場に流入して，価格上昇を招いた。しかし，それは実需を大きく上回る水準だったから，90年代に入ると株や不動産の価格は下落を始めた。このとき，さらなる値上がりを見越して株や土地を購入していた企業は一転して含み損を抱えることになり，やがて購入のために金融機関から借り入れていた資金の返済が困難になっていった。不良債権の発生である。

　資産価格の値上がり期待に基づいていた好況は脆く，バブル崩壊後には不況に陥った。巨額の不良債権は金融機関の経営の足かせとなり，資金の循環を停滞させることにつながったから，不況はさらに深刻化した。グローバル化により従来の日本経済を支えていた製造業の海外移転

がさらに進んで国内雇用が失われたこと，さらには情報通信技術の急速な革新が世界の産業構造を変えた（スマートフォンとそのアプリなどが典型だが，知的財産を生み出す産業や，それを広げる産業が高収益を挙げるようになった）ことなどが相まって，経済は長期停滞を経験することになった。1980年代には戦後の復興と繁栄を支える要因とされた日本型経営や日本型雇用慣行は，90年代半ばには国際競争力を弱めるものとして批判や改革の対象だと考えられるようになり，多くの企業は新卒者の採用抑制や正規雇用者の人員削減を進め，非正規雇用への依存を強めた。その一方で少子高齢化はさらに進展して，社会保障費の財政負担は増大していった。

（3）制度変革による応答

　1990年代に進められた政治改革は，このような環境要因の変化に応答的な政策選択を可能にすべく取り組まれた，制度要因の変革の試みである。80年代において既に，社会経済環境の変化への応答という点では不十分さが目立っており，経済摩擦への対応など国際環境への応答にも的確さを欠く場面は生じていた。冷戦の終結とバブル崩壊は，日本政治の応答能力の低さを改めて顕在化させることになったのである。

　とくに問題視されたのは，中選挙区制を出発点とするボトムアップの政策過程のあり方と，地方自治や企業活動などへの過度の介入が目立つとされた中央政府の官僚制のあり方であった。両者はともに，現状維持的な政策選択への偏りを生み出し，環境変化に応答的な新しい政策の採用を妨げる傾向を強く持つと考えられたのである。断片的な実例や実感に依拠した批判という面もあったが，ボトムアップが利益誘導政治につながりやすいことは確かであり，有権者に直接の責任を負わない官僚が前例踏襲に陥りやすいことも否定はできなかった。さらに，1980年代

までの成功によって得られた自信は，多くの有権者が日本政治の自己改革能力を高めに見積もることにもつながっていたであろう。当時「経済一流，政治三流」という表現は珍しくなかったが，一流の経済を作り上げられた日本が，政治を一流にできないわけはない。改革によって日本政治が刷新され，そこでは有権者や政治家の自律的な判断に基づいて，合理的かつ環境応答的な政策が採用できるようになる，と考えた人は，決して少なくなかったのである。

　衆議院の選挙制度改革，内閣機能強化を中心とした行政改革，中央政府の関与を弱める地方分権改革などにより，日本の政策過程には大きな変化が生じたことは，本書後半の各章で述べてきた通りである。とりわけ中央政府内部における集権化，すなわち与党内部での党首権力と行政部門内部での首相権力の強まりは，いわゆる官邸主導の政策過程を出現させた。ボトムアップも官僚主導も，それが全く見られなくなったわけではないが，日本の政策過程を説明する言葉としては過去のものとなった。

（4）政策選択の変化

　政治改革による政策過程の変化は，少なくとも一部では，政策選択の変化にもつながっている。それは，大きく分けると2つの点においてである。

　1つは，外交・安全保障政策における変化である。冷戦終結直後の国際環境の変化は先に述べたが，21世紀に入るとさらに，ISIS（いわゆる「イスラム国」）のように宗教原理主義的な立場から国際テロ活動を辞さない非国家主体の動きが目立つようになったこと，中国が軍事面と経済面で著しく力を強めてアメリカと対峙するようになったことなどの新しい変化が生じた。このような変化を受けて，日本の外交・安全保障

政策はより能動的になっている。1990 年代から国連平和維持活動への自衛隊派遣による参加など，従来はタブー視されてきた政策を採用するようになっていたが，その傾向はさらに強まっている。2001 年のアメリカ同時多発テロ後の対テロ戦争への積極的な支援，イラク戦争後の自衛隊派遣，2015 年の安保法制，尖閣諸島や竹島をめぐる中国や韓国との対立も辞さない主張の明確化などは，その例である。2014 年には内閣官房に国家安全保障局が創設され，外交・安全保障政策を官邸が中心になって進める姿勢も制度化された。

　もう 1 つは，社会保障や税制などの内政における普遍主義的傾向の強まりである。55 年体制下で社会保障制度の整備が進み，日本は 1970 年代後半には給付水準などにおいて他の先進国と大きな差はない福祉国家になった。しかし歴史的経緯もあり，医療保険や年金は雇用形態や職種により異なる複雑な制度となっていた。税制は戦後一貫して直接税（所得税）中心だったが，毎年の税制改正によって多くの優遇措置や例外措置が導入され，納税制度の違いもあって，農業や自営業に従事する人々に有利だという指摘が珍しくなかった。89 年の消費税導入後，どのような職種や勤務先であっても，同じ経済的境遇にある人は同じ負担や給付になるという普遍主義が目立つようになった。社会保障分野では 2000 年に導入された介護保険が普遍主義的制度の代表例だが，年金制度や医療保険制度の一本化も緩やかにはあるが進められている。少子高齢化や財政悪化の影響もあり，今後もこの傾向が逆転するとは考えづらい。

　日本の政策選択は今日，環境要因と制度要因の変化の帰結として，軽武装と経済重視という吉田路線からは既に大きく離れた場所に至っているというべきであろう。

参考文献

秋吉貴雄『入門　公共政策学』中公新書，2017 年。

アリソン，グレアム・T（宮里政玄訳）『決定の本質』中央公論社，1977 年。

佐藤誠三郎・松崎哲久『自民党政権』中央公論社，1986 年。

清水真人『平成デモクラシー史』ちくま新書，2018 年。

待鳥聡史『政治改革再考』新潮選書，2020 年。

ローゼンブルース，フランシス・ティース，マイケル（徳川家広訳）『日本政治の大転換』勁草書房，2012 年。

索引

●配列は五十音順，＊は人名を示す。

分担執筆者紹介

白鳥　潤一郎 （しらとり・じゅんいちろう）

・執筆章→8，9

1983 年	静岡県に生まれる
2006 年	慶應義塾大学法学部卒業
2013 年	慶應義塾大学大学院法学研究科後期博士課程修了，博士（法学） 日本学術振興会特別研究員（DC2），北海道大学大学院法学研究科講師，立教大学法学部助教等を経て
現在	放送大学教養学部准教授
専攻	国際政治学，日本政治外交史
主な著書	『「経済大国」日本の外交 ── エネルギー資源外交の形成 1967〜1974 年』（千倉書房，2015 年） 『朝海浩一郎日記 付・吉田茂書翰』（共編著，千倉書房，2019 年） 『世界の中の日本外交』（共著，放送大学教育振興会，2021 年） 『平成の宰相たち ── 指導者一六人の肖像』（共著，ミネルヴァ書房，2021 年）

編著者紹介

山岡　龍一（やまおか・りゅういち）

―――――――・執筆章→6，7

1963年　東京都に生まれる
1988年　国際基督教大学教養学部卒業
1997年　ロンドン大学（LSE）PhD取得
現在　放送大学教授
専攻　政治思想史，政治理論
主な著書　『西洋政治理論の伝統』（単著，放送大学教育振興会，2009年）
　　　　　『西洋政治思想史　視座と論点』（共著，岩波書店，2012年）
　　　　　『政治学へのいざない』（共著，放送大学教育振興会，2016年）
　　　　　『改訂版　公共哲学』（共著，放送大学教育振興会，2017年）
　　　　　『改訂版　市民自治の知識と実践』（共著，放送大学教育振興会，2021年）
　　　　　『社会と産業の倫理』（共著，放送大学教育振興会，2021年）

待鳥　聡史（まちどり・さとし）
・執筆章→1, 2, 3, 4, 5, 10, 11, 12, 13, 14, 15

1971 年	福岡県に生まれる
1993 年	京都大学法学部卒業
1996 年	京都大学大学院法学研究科博士後期課程退学
2003 年	京都大学博士（法学）
現在	京都大学大学院法学研究科教授
専攻	比較政治論
主な著書	『首相政治の制度分析』（千倉書房，2012 年）
	『政党システムと政党組織』（東京大学出版会，2015 年）
	『代議制民主主義』（中央公論新社，2015 年）
	『アメリカ大統領制の現在』（NHK 出版，2016 年）
	『政治改革再考』（新潮社，2020 年）
	『日本の地方政治』（共著，名古屋大学出版会，2007 年）
	『比較政治制度論』（共著，有斐閣，2008 年）
	『社会のなかのコモンズ』（共編著，白水社，2019 年）
	『統治のデザイン』（共編，弘文堂，2020 年）

放送大学教材　1730150-1-2211（ラジオ）

政治学入門

発　行	2022年3月20日　第1刷
	2023年1月20日　第2刷
編著者	山岡龍一・待鳥聡史
発行所	一般財団法人　放送大学教育振興会
	〒105-0001　東京都港区虎ノ門1-14-1　郵政福祉琴平ビル
	電話　03（3502）2750

市販用は放送大学教材と同じ内容です。定価はカバーに表示してあります。
落丁本・乱丁本はお取り替えいたします。

Printed in Japan　ISBN978-4-595-32339-3　C1311